Brunhilde Bross-Burkhardt

# *Wildgemüse und Wildkräuter*

erkennen ❧ sammeln ❧ genießen

# Impressum

Bildnachweis:

Alle Fotos von Brunhilde Bross-Burkhardt und Edgar Burkhardt
außer folgende:

S. 70 (87), 95 Brecht Gewürze

S. 4 (103), 71 (79), 91, 99, 115, 119 CMA

S. 12 (75), 83 Ketchum

S.10  Jakobus Langerhorst

Gestaltung und Satz: juhu media,
Susanne Dölz, Bad Vilbel
Reproduktionen: Lithotronic,
Frankfurt am Main
Druck und Bindung: LEGO, Vicenza
Printed in Italy

ISBN 3-8295-6426-0

Besuchen Sie uns im Internet:
www.umschau-buchverlag.de

# Inhalt

# Vorwort

Seit meiner Kindheit befasse ich mich mit Pflanzen; zunächst botanisierend, dann während meines Studiums der Landwirtschaft auch mit deren Anbau. Schule und Studium liegen lange zurück. Doch die Begeisterung für die Pflanzen ist geblieben. Neben meiner journalistischen Arbeit und zahllosen Aktivitäten rund um den Garten und die biologische Landwirtschaft leite ich seit über 20 Jahren Kräuterkurse und veranstalte (Wild-) Kräuterwanderungen. Dabei will ich zu einem lustvollen Umgang mit den Kräutern anregen, zum Schnuppern und Kosten verführen. Medizinisches, Kulinarisches und Botanisches gehört bei meinen Kursen natürlich mit dazu.

Früher waren es die Öko-Freaks, die Selbstversorger, die Gesundheitsapostel, die sich der »Grünen Küche« zugewandt haben. Heute begeistern sich alle kulinarisch Interessierte und sogar Spitzenköche für wild wachsende Kräuter und Wildgemüse mit ihren ganz eigenen geschmacklichen Qualitäten und lassen der Kreativität beim Kochen freien Lauf. Die Gerichte schmecken gut und tun dem Körper ausgesprochen wohl. Aus Erfahrung weiß ich, wie erfrischt man sich nach dem Verspeisen einer Portion Frankfurter Grüner Soße oder eines Bärlauchsalats fühlt. Ich bin überzeugt davon, dass jeder sich mit dem kulinarischen Fitnessprogramm sehr viel Gutes tun kann, fit und leistungsfähig bleiben kann. Und die botanischen Sammel-Streifzüge in der freien Natur sorgen an sich schon für körperliche Fitness. Lassen Sie sich durch dieses Buch zu einem Streifzug durch Feld, Wald und Wiese begeistern und begleiten Sie mich anschließend in die Küche – in meine eigene und in die Küche meiner Freunde von der Mosesmühle in Langenburg-Bächlingen, wo wir Wildgemüsekochkurse veranstalten.

*Brunhilde Bross-Burkhardt*

# Wildgemüse *früher* *und heute*

Allerhand Spinat

Wildgemüse aus gärtnerischer Kultur

Nahrhafte Rüben und Knollen

# Wildgemüse

Was ist überhaupt Wildgemüse? Der Begriff lässt sich gar nicht so einfach definieren. Auf jeden Fall sind es Pflanzen, von denen man Blätter, Wurzeln oder Samen essen kann. Und die auch einigermaßen schmecken. Unter Wildgemüse verstehe ich Pflanzen, die bei uns wild, also ohne menschliches Zutun, wachsen. Paradebeispiele dafür sind die

Große Brennnessel

Brennnessel, der Giersch oder der Kümmel und im Wald der Bärlauch oder der Waldmeister. Anderes Gemüse wächst zwar wild, stammt aber ursprünglich nicht von hier. Pastinake und Topinambur zum Beispiel wurden als Kulturpflanzen bei uns eingeführt und sind dann von Gärten und Äckern aus in die freie Natur verwildert. Einige Pflanzen, die wild auf den Wiesen wachsen, wie das Barbarakraut, der Sauerampfer oder der Wiesenknopf, lassen sich sehr gut im Garten anbauen.

Vom wilden Sauerampfer gibt es Zuchtformen, die wesentlich wüchsiger und ertragreicher sind und die sich deshalb besser für die gärtnerische Kultur eignen.

In früheren Zeiten haben die Menschen viel mehr wildes Gemüse und wilde Kräuter gesammelt und verwendet. Vor 2000 Jahren gab es außer Getreide, ein paar Hülsenfrüchten, etwas Kohlgemüse und ein paar Beeren nichts anderes Frugales zu essen. Erst die Römer sorgten für eine Bereicherung des (vege-

Tripmadam

tarischen) Speisezettels und brachten Sellerie und Melonen nach Mitteleuropa. Die Gemüse, die heute auf dem Markt sind – Möhren, Radieschen, Kopfsalat, Brokkoli oder Tomaten – gab es in früheren Jahrhunderten nicht. Diese feinen Gemüse sind über viele Stufen aus Wildformen gezüchtet worden. Die Tomate zum Beispiel hat sich erst seit dem Ersten Weltkrieg in Mitteleuropa etabliert.

## Allerhand »Spinat«

Doch welche Gemüse haben die Menschen in früheren Jahrhunderten oder sagen wir vor etwa hundert Jahren gegessen? Beim Stöbern in alten Kochbüchern und in botanischer und landwirtschaftlicher Literatur kommt einiges zu Tage. In einem alten Buch über Nutzpflanzen steht zum Beispiel: »Blattgemüse liefern die spinatartigen Pflanzen, deren zarte Blätter verwendet werden, und einige Gewächse,

die auf dickfleischige und saftige Blattstiele gezüchtet sind. Außer den »kultivierten« Blattgemüsepflanzen haben wir noch zwei wilde Pflanzen zu nennen: als Gemüse in spinatähnlicher Zubereitung sind die jungen Blätter der Brennnessel im Frühjahr ausgezeichnet, ebenso ergeben die jungen Blätter des als Unkraut überall gemeinen Löwenzahn im Frühjahre, ehe die Blütenknospen dick anschwellen, wie Salatgemüse zubereitet, ebenfalls ein ganz vorzügliches feines Gemüse.«

## Wildgemüse aus gärtnerischer Kultur

Als »vornehmste Würzkräuter« der Salate werden in dem Buch neben Estragon, Petersilie, Schnittlauch, Borretsch, Zwiebeln, auch »Bimbernelle« (= Pimpinelle), Portulak und Tripmadam genannt. Portulak und Tripmadam sind Kulturpflanzen, die zum Verwildern neigen. Beim Feld- oder Ackersalat ist es anders: Aus der ursprünglichen Wildpflanze, die auf Äckern und mageren Wiesen wuchs, entstand durch Züchtung eine Kulturform. Den wilden Ackersalat gibt es nach wie vor.

Ein weiteres interessantes Beispiel für eine Wildpflanze, die auch gärtnerisch in flachen Teichanlagen kultiviert wird, ist die Brunnenkresse. In Erfurt wurde die Brunnenkresse über Hunderte von Jahren als »Erfur-

9

# Wildgemüse

Brunnenkresse

ter Dreibrunnen-Kresse« angebaut und auch von dort in Körben und mit Eis gekühlt bis nach Berlin und Frankfurt verschickt. In den Kochbüchern der berühmten Köchin Charlotte Löffler (der »Löfflerin«) findet sich ein Rezept: »Bouillon von Kresse für Kranke. Die Hälfte einer Henne oder 500 Gramm Kalbfleisch nebst ein wenig Salz und einigen gelben Rüben werden zu einer schwachen Bouillon gekocht. Das Fleisch wird nun aus der Bouillon genommen, eine gute Hand voll Brunnenkresse pünkt-

lich verlesen, gewaschen und gestoßen, noch etwas mit der Brühe aufgekocht und durch ein Haarsieb getrieben.« In Österreich kennt man die 9-Kräuter-Suppe mit den 9 »Schönen« – Brennnessel, Sauerampfer, Wegerich, Schafgarbe, Kümmel, Giersch, Löwenzahn, Gänsefuß und Brunnenkresse. Das sind alles wertvolle Wildgemüse, die sich gut zu Gemüse und zu Suppen verarbeiten lassen.

## Nahrhafte Rüben und Knollen

Interessanterweise hat die Möhre die früher sehr verbrei-

tete Pastinake vom Speisezettel verdrängt. In der heutigen Standardküche führt die Pastinake allenfalls als Suppengemüse noch ein Schattendasein. Die Pastinake wächst zwar wild, ist aber keine Wildpflanze, sondern eine sehr alte Kulturpflanze, die ursprünglich aus dem westlichen Asien stammt. Von Äckern und Gärten aus ist sie schließlich verwildert. Sie wächst heute in vielen Gegenden Deutschlands auf trockenen, eher mageren Wiesen, an Wegrändern und sonnigen Böschungen, an Straßenrändern, auf Bahndämmen und

Pastinake

# früher und heute

Die Autorin mit blühenden Topinamburstauden

auf Steinbruchgelände. Der Topinambur hat eine ähnliche Karriere. Das Sonnenblumengewächs mit den Kartoffel ähnlichen Knollen stammt aus Amerika. Es ist ebenfalls aus Gärten und von Äckern verwildert. Die Nachtkerze oder Rapontika (Oenothera biennis) stammt ebenfalls ursprünglich aus Amerika; sie hat sich seit dem frühen 17. Jahrhundert in Europa eingebürgert und konnte sich besonders stark im Rheintal ausbreiten. Heute ist sie in fast ganz Deutschland verbreitet. Die Wurzeln der hübsch gelb blühenden Zierpflanze ergeben ein wohl schmeckendes Gemüse.

# Gesund und fit *mit Wildgemüse*

Vitamine und Mineralstoffe

Sekundäre Pflanzenstoffe

Wann Vorsicht geboten ist

Oxalsäure in Sauerampfer

und Sauerklee

Wellnesskur mit Salaten und

Säften aus Wildkräutern

# Gesund und fit

## Vitamine und Mineralstoffe

In den frischen Kräutchen steckt mehr als man zunächst vermuten würde. Wildgemüse enthält im Durchschnitt doppelt bis

viermal so viel Mineralstoffe als Kulturgemüse. Bei Franzosenkraut, Vogelmiere, Löwenzahn und Brennnessel liegt der Eisengehalt so hoch wie beim Spinat und weit über dem der normalen Gemü-

se. Beim Vitamin-C-Gehalt ist es ähnlich. Löwenzahn weist mit 115 mg Vitamin C pro 100 g essbaren Anteils etwa zehnmal so viel auf wie Kopfsalat mit 13 mg pro 100 g. Besonders Vitamin C-reich ist die Brennnessel mit über 300 mg pro 100 g Kraut. Auch andere ergiebige Blattgemüse wie Guter Heinrich und Weiße Taubnessel enthalten Vitamin C in der gleichen Größenordnung (219 bzw. 216 mg pro 100 g frisches Kraut). Mit einer kleinen Portion Wildgemüse ist so sehr schnell der Tagesbedarf von 75 mg Vitamin C gedeckt. Ein anderer Kennwert der Ernährungsphysiologen in den Lebensmitteln ist das Provitamin A (Carotin). Es wird in µg Retinoläquivalent gemessen. Auch hier schneiden die Wildgemüse im Vergleich zum Kulturgemüse sehr gut ab. 100 g Wildgemüse deckt oft mehr als die Hälfte des Tagesbedarfs an Vitamin A eines Erwachsenen (800 bis 1000 µg Retinoläquivalent). Besonders reich an Provitamin A sind Brunnenkresse (450 µg), Feldsalat (650 µg), Grünkohl (roh 833 µg), Löwenzahnblätter (roh 1333µg), Möhren (roh 1100 µg ), Petersilienblatt (1207 µg), Sauerampfer (roh 583 µg), Spinat (roh 816 µg). Andere Gemüse wie der Wegerich (60 µg) oder der Topinambur (2 µg) enthalten dagegen wenig von diesem Vitamin.

# mit Wildgemüse

## Vitamin C in Wildgemüse

| WILDGEMÜSE | VITAMIN C IN MG/ 100 G ESSBAREN ANTEILS |
|---|---|
| Topinamburknollen | 4 |
| Pastinakenwurzel | 18 |
| Feldsalat, Ackersalat | 35 |
| Löwenzahnblätter | 68 |
| Portulak | 72 |
| Vogelmiere | 77 |
| Gänseblümchen | 87 |
| Breitwegerich | 88 |
| Huflattich | 104 |
| Meerrettichwurzel | 114 |
| Löwenzahn | 115 |
| Sauerampfer | 117 |
| Scharbockskraut | 131 |
| Giersch, Geißfuß | 142 |
| Bärlauch | 150 |
| Gartenmelde | 144 |
| Spitzwegerich | 169 |
| Wilde Malve | 178 |
| Wiesenkerbel | 179 |
| Weiße Taubnessel | 216 |
| Guter Heinrich | 219 |
| Gundermann, Gundelrebe | 230 |
| Weißer Gänsefuß | 236 |
| Wiesen-Bärenklau | 291 |
| Winterkresse, Barbarakraut | 314 |
| Große Brennnessel | 333 |
| Schmalblättriges Weidenröschen | 351 |
| Großer Wiesenknopf | 360 |
| Gänsefingerkraut | 402 |

QUELLEN:

WOLFGANG FRANKE:
WILDGEMÜSE. 1987

SOUCI, FACHMANN, KRAUT:
DIE ZUSAMMENSETZUNG
DER LEBENSMITTEL. 2000

# Gesund und fit

## Sekundäre Pflanzenstoffe

Sehr wichtig sind zusätzliche Inhaltsstoffe, die viele Wildgemüse geradezu zu Heilpflanzen machen. In der modernen Ernährungswissenschaft heißen sie Bioaktive Substanzen oder Sekundäre Pflanzeninhaltsstoffe. Dazu gehören die Karotinoide, die Phytosterine, die Saponine, die Glucosinolate (früher: Senföl-Glycoside), die Polyphenole und weitere Inhaltsstoffe, die man noch gar nicht alle benennen kann. Die Ernährungswissenschaftler vermuten, dass über 20 000 unterschiedliche Verbindungen in Obst und Gemüse vorkommen. Manche Wildgemüse wie der Meerrettich und verschiedene Kresse-Arten enthalten sogar antibiotische Wirkstoffe, die Senföle, die gegen Infektionskrankhei-

ten wie Blasenentzündung oder Angina wirken. Die empfohlene Dosis liegt bei 10 bis 20 g Meerrettichwurzel pro Tag zur Behandlung solcher Krankheiten. Von den Kresseblättern sollten bis zu 40 g täglich gegessen werden. Die Ernährungswissenschaftler werden in Zukunft sicher noch manches Interessante herausfinden. Einige wichtige Wildpflanzen haben sie gründlich analysiert und kennen die Mineralstoff-, Vitamin- und Eiweißgehalte von Brennnessel, Löwenzahn, Gartenmelde und Breitwegerich recht genau. Allerdings können die Werte je nach Standort und Herkünften sehr stark schwanken. Es sind jedoch nicht nur die Analysewerte, auf die es ankommt, sondern die Gesamtheit einer Pflanze. Und die kann oft weit mehr wert sein als die Summe aller Einzelbestandteile.

## Wann Vorsicht geboten ist

Trotz der vielen Vorzüge, die die wilden Kräuter besitzen, sollte man sich nicht unbedacht in die Wildgemüseküche stürzen. Wer mit bestimmten Krankheiten behaftet ist, muss Vorsicht walten lassen! Nierenkranke sollten wegen des hohen Oxalsäuregehaltes nur wenig Sauerampfer, Sauerklee und Spinat essen. Dieser Hinweis sollte gesunde Menschen jedoch nicht davon abhalten, das feine Gemüse in den Speiseplan mit aufzunehmen. Vorsicht ist auch angebracht bei Huflattich- und bei Beinwellblättern. Beides sind bewährte Heilpflanzen und sie sind auch relativ häufig in der Wildgemüseküche verwendet worden. Beide sind jedoch wegen ihres hohen Gehaltes an Pyrrolizidinalkaloiden ins Gerede gekommen. Dies ist ein Stoff, der die Leber stark schädigen und Krebs erregen

# mit Wildgemüse

kann. Er ist in hoher Konzentration in den Huflattichblüten enthalten, die aus diesem Grund als Teedroge gar nicht mehr auf dem Markt sind, und eben auch in geringerer Konzentration in den Blättern. Vorsichtshalber sollen Wildgemüsefans deshalb auf Delikatessen aus Huflattich- und Beinwellblättern verzichten und sich lieber auf anderes Blattwerk stürzen.

Sauerklee

## OXALSÄURE IN GEMÜSE
### (ANGEGEBEN IN MG/100G)

| | |
|---|---|
| Bohne, grün | 20 – 45 |
| Grünkohl | 13 – 125 |
| Karotte | 0 – 60 |
| Porree | 0 – 89 |
| Rhabarber | 230 – 500 |
| Rosenkohl | 37 |
| Rote Rübe | 30 – 138 |
| Sauerampfer | 360 |

## Oxalsäure in Sauerampfer und Sauerklee

Oxalsäure oder Kleesäure (und Kaliumoxalat, ihr Kaliumsalz) sind in Spinat, in den Stielen und Blättern von Rhabarber, in Bambussprossen und in Kakao, außerdem in Klee und Sauerampfer in relativ großen Mengen, d.h. zu etwa 0,5% enthalten. Beim Kleinen Sauerampfer sind Werte von 0,3 bis 1,25 % der frischen Pflanze gemessen worden.

Die Oxalsäure kann schaden, weil sie mit den im Blut und den Zellen enthaltenen Calciumverbindungen zu unlöslichem Calciumoxalat reagiert und so den Calciumstoffwechsel durcheinander bringt. Wer häufig Rhabarber, Spinat oder Sauerampfer isst, kann Blasen- oder Nierensteine bekommen. Gefährlich wird es für den Organismus, wenn mit dem Gemüse 1 bis 5 g freie Oxalsäure verspeist werden. Der Körper reagiert dann mit Durchfall und Erbrechen und mit Entzündung der Magen-

# Gesund und fit

schleimhaut. Noch größere Mengen können sogar zum Tod führen.

## *Wellnesskur mit Salaten und Säften aus Wildkräutern*

Nach dem Winter braucht der Körper eine Fitnesskur. Dazu sind nicht unbedingt Pillen nötig. Ideal dafür sind mineralstoff- und vitaminreiche Kräuter und Wildgemüse direkt

aus dem Garten oder gesammelt in der freien Natur. Mit ihrem herbwürzigen, manchmal ins Bittere gehenden Ge-

schmack regen die Wildkräuter die Verdauungsdrüsen an, bringen die inneren Organe in Trab und sorgen für die nötige Entschlackung. Auch der hohe Ballaststoffgehalt der Blatt- und Wurzelgemüse trägt zur besseren Verdauung bei. Besonders nützlich sind die Wildgemüse am Ende des Winters. Der Körper lechzt geradezu nach frischem Grün. Sogar Gemüse- und Salatmuffel lassen sich dann zum Salatessen animieren. Es gilt ja ohnehin die Regel, fünfmal am Tag Gemüse oder Obst zu sich zu nehmen. Da lässt sich hervorragend das Wildgemüse einbauen. Es kann zum Beispiel einfach das Kulturgemüse ersetzen – also Brennnessel statt Spinat nehmen oder Löwenzahn und Bärlauch statt Kopfsalat.

Richtige Kräuterfans gehen noch einen Schritt weiter und nutzen den wilden Schatz der Natur als Medizin. Kräutertees mit Brennessel und Birken-

blättern bewirken viel. Besonders bringen Frischpresssäfte den Stoffwechsel auf Trab. Frischpresssäfte kann man im Reformhaus kaufen oder selbst mit Hilfe einer Saftzentrifuge (oder eines Fleischwolfs) herstellen. Der bekannte Münchner Heilpraktiker Josef Karl empfiehlt, dafür die halbe Menge Brennnesseln zu nehmen. Die andere Hälfte kann aus allem, was der Garten bietet, bestehen: Giersch, Löwenzahn, Spitz- und Breitwegerich, Taubnessel, Sauerampfer, Scharbockskraut, Schafgarbe, Vogelmiere und anderen. Der Presssaft wird 1:5 verdünnt und Schnapsglasweise über den Tag verteilt mehrere Wochen lang als Frühjahrskur eingenommen. Man muss sich beim Zubereiten nicht an feste Regeln und feste Mischungsverhältnisse halten, sondern nimmt einfach die jungen Kräuter, die man findet.

# mit Wildgemüse

Viele Menschen haben die wohltuende Wirkung des Bärlauchs kennen gelernt und essen das Wildgemüse kurmäßig als Salat oder als Pesto und nehmen regelmäßig Bärlauchtropfen zu sich.

# Wildgemüse *sammeln, anbauen, kaufen*

# Wildgemüse

Woher Wildgemüse nehmen? Kann man es direkt in der freien Natur ernten oder sollte man es aus dem Garten holen und was gibt es auf dem Markt zu kaufen? Auf dem Kräuterbeet sprießt neben den gepflanzten Heil- und Würzkräutern allerhand wildes und halbwildes Kraut: Schnittlauch und Sauerampfer, Pimpinelle und Tripmadam, vielleicht noch ein Meerrettichstock daneben. Dazwischen breitet die Vogelmiere ihre üppigen Polster aus.

## Von Kraut und Unkraut

Mutige Gärtnerinnen und Köchinnen holen das frische Grün nicht nur vom Kräuterbeet, sondern auch vom Rasen oder von anderen Gartenplätzen. Sie ernten Löwenzahn, Gänseblümchen, Spitzwegerich und Breitwegerich, Knoblauchrauke, Wiesenschaumkraut, Gundermann und Taubnessel. Auch das Scharbockskraut macht sich in der Salatschüssel oder im Kräuterquark gut. Die genannten Wildkräuter wachsen in sehr vielen Gärten; die meisten Gartenbesitzer betrachten sie als Unkräuter und reißen sie aus! Andere, die um den Wert der wilden Kräuter wissen, lassen sie stehen und nutzen sie für die Wildkräuterküche.

Es darf natürlich nicht so weit kommen, dass Brennnesseln und Giersch den ganzen Garten überwuchern. So gesund die Wildkräuter sind, so lästig können sie werden. Mit Vogelmiere und Gundermann, die sich nur oberirdisch ausbreiten, kann man noch fertig werden; ein echtes Problem sind dagegen die Wurzelunkräuter, die sich unterirdisch über Ausläufer ausbreiten. Topinambur und Meerrettich können ebenfalls zur Plage werden. Diese ausbreitungsfreudigen Wurzelgemüse passen allenfalls in sehr große Gärten. In kleinen Kräutergärtchen haben sie nichts zu suchen.

## Wildgemüse gezielt anbauen

Neben den Allerweltswildkräutern, die fast wie von alleine wachsen, lassen sich andere Kräuter gezielt im Garten kultivieren. Es sind Kräuter, die in der freien Natur nicht überall, sondern nur an bestimmten Stellen wild wachsen. Solche Kräuter kann man im Garten durch Aussäen oder Auspflanzen ansiedeln. Auch bei Wildkräutern, von denen viel in der Küche gebraucht wird, lohnt sich der gezielte Anbau. Es ist doch viel praktischer, wenn man zur Ernte von Barbarakraut oder von Kümmel nur die paar Schritte zum Kräuterbeet gehen muss anstatt kilometerweit bis zum nächsten Wild-

# sammeln ...

Portulak

standort – ganz abgesehen davon, dass Wildgemüsefans in der Stadt sowieso fast keine Chance haben, die Kräuter am Wildstandort sammeln zu können.

Idealerweise werden die Wildkräuter wie normales Gemüse auch in Reihen angebaut. Barbarakraut, Kümmel, Melde, Pastinake, Portulak und Sauerampfer gedeihen am besten auf Beeten in der Sonne. Schattige Plätze mögen sie nicht. Dagegen wachsen Bärlauch und Waldmeister lieber im lichten Schatten von Sträuchern oder Bäumen auf eher feuchtem Boden.

Nicht ganz einfach dürfte es sein, die Brunnenkresse im Garten anzusiedeln – es sei denn, durch das Gartengrundstück fließt ein kleiner Bach. Das wohlschmeckende Kraut gedeiht auf Dauer nämlich nur in langsam fließendem, seichtem Wasser. Die Triebe mit ihren feinen Wurzeln schwimmen meistens im Wasser an klaren Quellbächen. Das ausdauernde Kraut lässt sich leicht durch Teilen vermehren. Einige Zeit lang kann man die Pflanzen in Töpfen oder Kübeln ziehen und hält die Erde feucht.

## Kräuter säen oder pflanzen?

Gärtner unterscheiden bei den Kräutern Einjährige, Zweijährige und ausdauernd wachsende Arten. Die einjährigen Kräuter muss man jedes Jahr neu durch Aussäen der Samenkörner vermehren. Das ist bei Feldsalat, Melde, Pastinake und Portulak der Fall. Oft versamen sich diese Kräuter selbst. Andere wie das

Sauerampfer »Profusion«

# Wildgemüse

## Wildgemüse im Frühjahr ernten

| Pflanzenart | Verwendung in Küche und Medizin |
|---|---|
| Bärlauch (*Allium ursinum*) | Blätter frisch für Salat oder Suppe, in Schnaps ansetzen |
| Brennnessel (*Urtica dioica*) | Blätter und Blatttriebe frisch oder getrocknet für Teeaufguss, feingeschnitten in Salat oder als Gemüse wie Spinat zubereiten, für Bratlinge |
| Brunnenkresse (*Nasturtium officinale*) | Blatttriebe für Salat, Quark, Suppe |
| Gänseblümchen (*Bellis perennis*) | Junge Blattrosetten in Salat und Quark, Frischpresssaft |
| Giersch, Geißfuß (*Aegopodium podagraria*) | Junge Blätter feingewiegt für Salat oder als Gemüse wie Spinat zubereiten, für Klöße und Bratlinge, in Pfannkuchen, für Frischpresssaft |
| Gundermann (*Glechoma hederacea*) | Junge Blätter zum Würzen in Salat, Quark, für Tee |
| Knoblauchrauke (*Alliaria petiolata*) | Junge Blätter mit Knoblauchduft zum Würzen in Salat |
| Löwenzahn (*Taraxacum officinale*) | Junge Blätter mit Blütenknospen zum Würzen in Salat, Spinat, Frischpresssaft (auch aus der Wurzel) |
| Sauerampfer (*Rumex acetosa*) | Junge Blätter frisch knabbern oder zum Salat oder in Quark |
| Schafgarbe (*Achillea millefolium*) | Gefiederte Blättchen zum Würzen in Salat, zum Dekorieren, für Frischpresssaft, sehr gut für Tee (frisch und getrocknet) |
| Scharbockskraut (*Ranunculus ficaria*) | Junge Blätter vor der Blüte (!) in Salat und Quark |
| Taubnessel (*Lamium album*) | Blätter zum Salat und Quark, als Gemüse wie Spinat zubereiten |
| Vogelmiere (*Stellaria media*) | Triebe zu Feldsalat und anderen Wintersalaten, Frischpresssaft |
| Wegerich (Spitz-, Breit-, *Plantago lanceolata* und *P. major*) | Junge Blätter zum Salat, als Gemüse wie Spinat zubereiten |

# sammeln ...

Barbarakraut, die Nachtkerze, die Pastinake und der Küm-mel haben einen zweijährigen Wachstumsrhythmus. Sie werden in einem Jahr gesät und bilden erst im darauf folgenden Jahr Blüten und Samen aus.

Andere Kräuter wachsen aus-dauernd. Bei ihnen stecken der Wurzelstock oder die Zwiebeln im Boden und dar-aus treibt die Pflanze jedes Jahr im Frühjahr neu aus. Das ist bei Bärlauch, Sauerampfer und Waldmeister der Fall. Bei den ausdauernden Kräutern dauert es lange, bis aus Samen kräftige Pflanzen gewachsen sind. Ich ziehe es deshalb vor, vorhandene Pflanzen zu tei-len. Das gelingt sehr leicht bei der Tripmadam, beim Wald-meister und beim Wilden Majoran. Wenn ich mir keine Teilstücke besorgen kann, bestelle ich Pflanzen in Töpf-chen von einer Kräutergärt-nerei. Und viele Kräuter wachsen sowieso wild.

## Wildgemüse in der freien Natur

Mutige suchen die Wildkräu-ter auch in der freien Natur, auf Wiesen, an Wegrändern, im Wald. Obwohl sehr viele wild wachsende Pflanzen ge-gessen werden können oder zumindest nicht giftig sind, sollte man etwas Vorsicht wal-ten lassen! Ganz wichtige Grundregel: Nur das sammeln und essen, was man auch tat-sächlich kennt. Sonst könnte es auch einmal böse ausgehen, wenn aus Versehen hoch giftiges Schierlingskraut oder Mai-glöckchenblätter mit in den Salat gelangen. Die Gefahr, dass anstelle von Bärlauchblättern Mai-glöckchenblätter gesam-melt werden ist keineswegs aus der Luft gegriffen: Die beiden Pflanzen wachsen

# Wildgemüse

im Wald oft unmittelbar nebeneinander und sehen sich mit ihren lanzettlichen Blättern tatsächlich sehr ähnlich. Pflanzenkenner unterscheiden sie an der Blattfarbe (das Maiglöckchen ist etwas dunkler grün als der Bärlauch) und natürlich am Geruch, anhand dessen sich der Bärlauch leicht erkennen lässt. Bärlauchblätter können auch mit den ganz ähnlichen, hoch giftigen Blättern der Herbstzeitlose verwechselt werden. Die wächst aber nicht im Wald, sondern auf der feuchten Wiese.

## Vorsicht: Verwechslungsgefahr

Überhaupt sollte man sich beim Sammeln von der Nase leiten lassen. An seinem typischen »Waldmeister«geruch erkennt man nämlich auch den Waldmeister. Vom Chemischen her betrachtet ist es das Cumarin, das dem Waldmeister die typische Duftnote verleiht. Nur vom äußeren Anschein her ist er leicht mit dem Wiesenlabkraut zu verwechseln, das eng mit ihm verwandt ist. Beide haben den typischen quirlförmigen Blattstand. Bei anderen Wildkräutern macht es nichts aus, wenn man sie verwechselt. Ein klassischer Fall für eine Verwechslung ist die Pimpinelle. Ich setze das Wort gerne in Anführungszeichen, weil zwei völlig verschiedene Pflanzenarten damit gemeint sein können. Landläufig wird unter »Pimpinelle« der Kleine Wiesenknopf *(Sanguisorba minor)* verstanden, dessen Blätter fein gewiegt Salate würzen. Für Botaniker ist die Pimpinelle dagegen eine ganz andere Pflanze, die Bibernelle, die botanisch *Pimpinella saxifraga* heißt. Die Blätter der beiden Pflanzenarten sehen sich tatsächlich zum Verwechseln ähnlich. Der bekannte

Kleiner Wiesenknopf, Großer Wiesenknopf, Bibernelle

| Wildgemüse, Wildkraut | Verwechslungsgefahr mit |
|---|---|
| Bärlauch | Maiglöckchen, Herbstzeitlose |
| Giersch | Bingelkraut |
| Kümmel | Wiesenkerbel |
| Sauerampfer | Krauser Ampfer, Stumpfblättriger Ampfer |
| Wiesenkerbel | Schierling |
| Waldmeister | Wiesenlabkraut |

Spruch aus dem Mittelalter »Esst Salbei und Pimpernell, dann sterbt ihr net so schnell« bezieht sich auf die Bibernelle und nicht auf den Wiesenknopf. Die Bibernelle wurde früher als Heilpflanze gegen Pest und allerlei Gebrechen hoch gehandelt.

Vorsicht geboten ist bei der großen Gruppe der Doldenblütler. Es ist eine sehr große Pflanzenfamilie, von der bei uns viele Dutzend Arten wild wachsen. Alle haben sie ein gefiedertes Blattwerk und einen strahlenförmig – »doldig« – aufgebauten Blütenstand. Giftige Vertreter wie der Schierling oder die Hundspetersilie gehören dazu. Also bitte Blätter und Samen nur sammeln, wenn man die Pflanze ganz genau bestimmen kann!

## Gefahr durch Fuchsbandwurm und Leberegel

Eine weitere Gefahr beim Sammeln von Wildgemüse in der freien Natur ist die Infektionsgefahr mit Fuchsbandwurmeiern. Diese Gefährdung ist tatsächlich ernst zu nehmen, auch wenn nur wenige Fälle bekannt sind. Im Laufe von vielen Jahren, in denen ich Kräuterwanderungen veranstalte, haben Kursteilnehmer mir von zwei Erkrankungsfällen berichtet. Es gibt keine Zahlen, wie viele Menschen den Fuchsbandwurm in ihrer Leber tragen. Die Dunkelziffer ist vermutlich sehr groß. Die Krankheit verläuft tödlich, wenn nichts dagegen unternommen wird. Es gibt keine Impfung, die davor schützt! Hundertprozentig kann man sich leider nicht vor einer Infektion mit den

# Wildgemüse

Barbarakraut, Winterkresse

Eiern des Fuchsbandwurms schützen, man kann der Gefahr jedoch weit gehend aus dem Weg gehen! Ich handhabe es so, dass ich Bärlauch nicht direkt an Wegen oder Pfaden sammle, sondern im Inneren von Beständen. Ich meide auch etwas höher gelegene Plätze im Wald oder am Waldrand; hier setzen die Füchse nämlich gerne ihre Losung ab. Das Sammelgut wasche ich immer sehr gründlich. Das allein genügt jedoch nicht. Die winzigen Eier des Kleinen Fuchsbandwurms können trotzdem auf den

Blättern haften bleiben. Starkes Erhitzen überleben die Eier des Fuchsbandwurms jedoch nicht; Ich beachte deshalb möglichst den Grundsatz, im Wald Gesammeltes durch Erhitzen oder Backen zuzubereiten.

Eine weitere Gefahr kann vom Leberegel ausgehen. Es ist nicht ganz auszuschließen, dass man sich beim Sammeln und Verspeisen von Brunnenkresse mit dem Großen Leberegel *(Fasciola hepatica)* infizieren kann. An den Pflanzen können Larven des Parasiten sitzen (die Metazerkarien), die beim Essen mit aufgenommen werden. Der Parasit bohrt sich durch die Darmwand bis in die Leber und setzt sich dort fest. Massive Beschwerden im Leber- und Gallebereich können auftreten. Allerdings ist die Gefahr der Infektion mit dem Leberegel nicht allzu groß, weil die eigentlichen Wirte, die Weidetiere, regelmäßig behandelt

werden, und die Infektionskette so abgebrochen ist. Wer ganz sicher gehen und einer möglichen Infektionsgefahr aus dem Weg gehen will, sollte die Brunnenkresse deshalb aus Kulturen kaufen oder sie im Garten selber ziehen.

## Naturschutz verwirklichen

Einige Wildkräuter wie die Brennessel oder die Knoblauchrauke wachsen in großen Mengen. Bei diesen Allerweltskräutern braucht man auch als Naturschützer keine Angst zu haben, größere Mengen zu ernten. Durch das Abschneiden der Brennesselstängel nimmt man der Natur nichts weg. Auch wer Kümmel auf der Wiese sammelt, richtet keinen Schaden an. Bei anderen, selteneren Kräutern sollte man jedoch etwas Zurückhaltung üben und nur wenig ernten bzw. die Pflanzen sogar stehen lassen. Ich denke dabei an die Engel-

# sammeln ...

wurz oder den Kalmus – die sind zwar nicht vom Aussterben bedroht, kommen aber nur an ganz bestimmten Wuchsplätzen vor und sollten geschont werden. Eine andere Möglichkeit wäre, diese Wildpflanzen im Garten anzusiedeln. Das gelingt allerdings nicht überall; die Gewächse brauchen ganz spezielle Wuchsplätze.

## *Wildgemüse vom Markt*

Wildgemüsefreaks müssen ihre Leckerbissen in aller Regel selber anbauen bzw. selber ernten. Selten gibt es Wildgemüse auf dem Markt zu kaufen. Eine Ausnahme macht mittlerweile der Bärlauch. Bärlauchblätter werden im April und Mai auf dem Markt verkauft und im großen Stil auch aus Wildbeständen gesammelt. Kleine Lebensmittelmanufakturen stellen Bärlauchpesto und Bärlauchpresssaft her. Gelegentlich werden Brunnenkresse und Portulak angeboten oder gebleichter Löwenzahn für Salat. Nahrhafte Wurzelgemüse wie Pastinake oder Meerrettich sowie Topinambur gibt es gelegentlich in Bioläden oder in den Hofläden der Bio-Betriebe. Meistens stammen die Wildgemüse aus Kulturen und nicht aus Wildsammlungen. In Frankfurt haben die Kräuter für die »Grüne Soße« (»Grien Supp‹‹) Tradition. Wichtige Ingredienzien für die Grüne Soße sind auch einige Wildkräuter wie die Pimpinelle (Wiesenknopf) und der Sauerampfer. Die stammen zwar aus gärtnerischer Kultur, könnten aber genauso gut aus Wildbeständen gesammelt werden. Gelegentlich wird an gut sortierten Kräuterständen auch der Portulak oder der Waldmeister als »Maikraut« angeboten.

Einige Wildkräuter, die in dieses Buch aufgenommen sind, stehen im Gewürzregal im Supermarkt oder sind im Reformhaus erhältlich: Beifuß, Kümmel, Dost. Gärtnereien, die sich auf Wildkräuter spezialisiert haben, gibt es so gut wie gar nicht. Einige Wildkräuter oder »Unkräuter« bekommt man in speziellen Kräutergärtnereien (s. Be-

# Wildgemüse

zugsquellen). Eine Gärtnerei in Vorpommern verschickt Wildgemüse und Blüten von Wild- und Gartenpflanzen an Restaurants und an Privatpersonen in ganz Deutschland.

## *Wildgemüse frisch halten*

Manches Wildgemüse, das man vom Markt oder von der Wiese nach Hause trägt, hält sich erstaunlich lange. Robust sind behaarte Blattkräuter wie Brennnessel und Taubnessel. Sie halten sich abgedeckt in einer Schüssel mindestens einen Tag. Die beblätterten Triebe stellt man am

Topinamburwurzelstock

besten in ein Gefäß mit Wasser. Fleischige und feine Blättchen vom Portulak, vom Sauerklee oder vom Wiesenknopf welken dagegen schnell. Sie halten sich im Kühlschrank ein bis zwei Tage lang, in Plastik eingehüllt, frisch. Die Kräuter für die »Grüne Sauce« bieten Frankfurter Gemüsegärtner eingewickelt in zwei Lagen dickes Papier an. Das Grünzeug hält sich so ein bis zwei Tage lang frisch. Bleibt das Blattwerk länger eingehüllt vergilben die Blät-

ter wegen Lichtmangel oder sie beginnen zu faulen. Selbst gesammelte Brunnenkresse stellt man bis zum Verbrauch in ein Gefäß mit Wasser. So hält sich das Kraut tage- und wochenlang frisch und treibt sogar neu aus.

Die Wurzelgemüse, die in diesem Buch vorgestellt werden, halten sich am besten an Ort und Stelle im Boden. Sie sind frosthart. Schnee und Frost schaden ihnen nicht, aber die Mäuse setzen ihnen oft zu. Wenn sie einige Tage an der

# sammeln ...

Luft liegen, beginnen die Wurzeln der Pastinake und die Knollen des Topinamburs zu schrumpeln. Allenfalls in feuchtem Sand eingeschlagen, wie früher üblich, oder in alten Krautstanden in feuchter Atmosphäre gelagert, notfalls auch in Plastiktüten, halten sie sich länger frisch.

Oben v. li. n. re. : Löwenzahn, Schafgarbe, Giersch
Unten v. li. n. re. : Vogelmiere, Gänseblümchen, Gundelrebe, Wiesenschaumkraut

# Wildgemüse
## und Wildkräuter
## *verarbeiten*

Schneiden und zerkleinern

Entsaften

Eingefrieren

Trocknen

Einlegen in Essig oder Öl

Einlegen in Alkohol

Einsalzen

Sauer, bitter, scharf

Wildgemüse für spezielle Zubereitungen

# Wildgemüse

## *Schneiden und zerkleinern*

Für die meisten Zubereitungen wie Kräuterquark oder für Salatsaucen ist es erwünscht, dass die Kräuter möglichst fein geschnitten oder anderweitig zerkleinert werden. Manche Kräuterfans nehmen zum Zerkleinern Schneidbrett und scharfes Küchenmesser oder greifen zum Wiegemesser. Andere bevorzugen elektrische Zerkleinerungsgeräte. Im Handel werden gelegentlich auch mechanische Zerkleinerungsgeräte, zum Beispiel in Form

einer Kräutermühle angeboten. Welches Gerät tatsächlich benutzt wird, ist Geschmackssache. Ich persönlich ziehe einfache Gerätschaften, die sich für vielerlei Zwecke verwenden lassen, aufwändigem Küchenschnickschnack vor. Die Utensilien nehmen in den Küchenschränken doch nur unnötig Platz weg.
Ein nützliches Utensil ist jedoch ein Wiegemesser-Brett oder ein Wiegeteller mit einer nach innen gewölbten Form, in der das Wiegegut immer wieder in die Mitte des Tellers rutscht. Ob ein Schneidbrett aus Holz, aus Kunststoff oder aus Marmor ist Geschmackssache. Wenn große Mengen an Blattkräutern zu zerkleinern sind, wie etwa für die Frankfurter Grüne Sauce, ist der Fleischwolf das beste Zerkleinerungsgerät. Der Fleischwolf zerkleinert die Kräuter so stark, dass der grüne Pflanzensaft austritt; dieser Effekt ist durchaus erwünscht, denn

so färbt sich die Sauce schön grün.

## *Entsaften*

Das geeignete Gerät zum Entsaften der Kräuter ist eine Saftzentrifuge wie man sie auch zum Entsaften von Möhren oder von Roten Beten benutzt. Die gewaschenen Kräuter werden in die Zentrifuge gefüllt; beim Zentrifugieren tritt der Zellsaft aus. Er rinnt durch eine Tülle in ein bereit gestelltes Glas. Die trüb-grüne Flüssigkeit, die beim Zentrifugieren der grünen Kräuter herauskommt, sieht nicht sehr appetitlich aus. Gemischt mit Apfelsaft oder Zitronensaft ergibt sich jedoch ein einigermaßen wohlschmeckendes Gebräu. Und gesund soll es ja schließlich sein!
Wer keine Saftzentrifuge besitzt kann natürlich auch fertige Presssäfte von Brunnenkresse oder von Birke aus dem Reformhaus kaufen.

# verarbeiten

### Eingefrieren

Die meisten Kräuter werden frisch verwertet. Einige eignen sich jedoch auch zum Einfrieren, zum Beispiel, wenn sie als Zutat zu Suppen verwendet werden sollen. Eine gute Methode ist zum Beispiel, die zerkleinerten Kräuter zusammen mit etwas Wasser in Eiswürfelbehälter zu geben. Mit den Kräutereiswürfeln kann man dann Suppen und Saucen würzen. Kräuter zum Würzen für Salate sollte man nicht eingefrieren.

### Trocknen

Kräuterfreunde trocknen Kräuter normalerweise für Tees. Einige der hier beschriebenen Kräuter lassen sich auch zu Würzpulver verarbeiten, zum Beispiel Brennnessel oder Dost. In Russland und in anderen Ländern, in denen sich die Menschen mit Nahrungsmitteln weit gehend selbst versorgen, spielen die Wildgemüse noch eine große Rolle. Russische Babuschkas trocknen zum Beispiel Brennnesseln, Sauerklee, Scharbockskraut, Vogelmiere und andere grüne Kräuter und pulverisieren sie als Würze für Speisen. Die rascheltrockenen Blätter der Kräuter lassen sich mit dem Mörser zerkleinern oder – besser noch – mit den Fingern zerbröseln. Die Methode sei zum Nachahmen empfohlen! Ich trockne sowieso Kräuter für Tee; ein wenig vom getrockneten Kraut zweige ich für das Kräuterpulver ab. Das macht fast keine zusätzliche Mühe.

### Einlegen in Essig

Einige Kräuter wie der Estragon gelten geradezu als Kräuteressig-Klassiker. Genauso gut lassen sich andere grüne und wohl schmeckende Kräuter in Essig ansetzen, zum Beispiel Bärlauch oder Knoblauch-Rauke mit ihrem Knoblauch-Aroma. Die Kräuter einfach locker in

# Wildgemüse

ein Gefäß füllen und zum Beispiel mit Apfelessig übergießen. Ein paar Woche an einem warmen Ort ziehen lassen und ein anderes Gefäß abfiltrieren.

## Einlegen in Öl

Aromatische Wildkräuter wie Dost (Wilder Majoran) oder Kümmel lassen sich in Öl einlegen – zum Würzen in der Küche und zur Verwendung als Massageöl. Man nimmt dazu eine Handvoll frische oder getrocknete Kräuter, übergießt sie in einem weiten Glasgefäß mit gutem Olivenöl und stellt die Mischung zwei bis drei Wochen lang in die Sonne. Danach wird in gut verschließbare Fläschchen abgefüllt.

## Einlegen in Alkohol

Das Einlegen in Schnaps ist eine weit verbreitete Methode, die Kräuter zu konservieren. Auf diese Weise lassen sich Bärlauch, Beifuß und andere zu Appetit anregenden und Verdauung fördernden Alkoholika aufbereiten. Einige Kräuter eignen sich besonders gut zum Ansetzen mit Wein. Ein sehr guter Kräuterwein gelingt mit Schafgarbenblättern.

**Grundrezept zum Ansetzen mit Schnaps**

– Klein geschnittene Blätter in ein weites Glasgefäß beliebiger Größe füllen, Obstler (40- bis 50 %iger Schnaps) darübergießen, so dass die Blätter ganz bedeckt sind
– 3 bis 4 Wochen lang an einer warmen, sonnigen Stelle stehen lassen
– den Ansatz abfiltrieren und in eine saubere Glasflasche

mit Schraubverschluss oder mit Korken füllen
– davon ein- bis zweimal täglich einen Esslöffel voll als Medizin nehmen

## Einsalzen

Das Einsalzen ist eine uralte Konservierungsmethode, die in der modernen Zeit etwas in Vergessenheit geraten ist. Zum Konservieren der Wildgemüse ist die Methode jedoch geradezu ideal. Auf diese Weise lassen sich Sauerampfer, Sauerklee und Scharbockskraut außerhalb der Vegetationszeit nutzen. Die Gemüse dafür klein schneiden, eine Lage in ein Gefäß schichten, Salz darüber streuen, wieder eine Lage Gemüse, dann Salz bis das Gefäß voll ist. Man rechnet etwa 100

# verarbeiten

Gramm Salz auf 1000 Gramm Gemüse.

Eine Bäuerin hat mir von ihrer Einsalzmethode berichtet: Sie nimmt von sechs verschiedenen Gemüsen und Kräutern je 600 Gramm, dreht alles durch den Fleischwolf, mischt 100 Gramm Salz dazu und füllt die relativ trockene Kräutermasse in Schraubgläser. Die eingesalzenen Kräuter halten sich so Monate lang.

## Welche Kräuter eignen sich wofür

Die Wildkräuter lassen sich im Menü an vielen Stellen unterbringen. Mit etwas Phantasie lässt sich sogar ein vollständiges Menü nur mit Wildkräutern und Wildgemüsen zusammenstellen – mit einem Appetit anregenden Aperitif aus Birkensaft vorneweg, einem würzigen Salat aus Bachbunge, einem Wildgemüseauflauf aus Brennnesseln und Giersch als Hauptgericht. Selbst kreativen Köchen

dürfte es jedoch auf Dauer schwer fallen, Menüs nur mit Wildgemüse zuzubereiten. Wildgemüse, die den Magen füllen und die ein paar Kalorien bringen, gibt es nicht allzu viele. Es sind eigentlich nur solche, von denen man die Wurzel erntet, also Pastinakenwurzeln, Topinamburknollen oder Nachtkerzenwurzeln. Aber es muss ja nicht immer puristisch sein: Brennnesselauflauf oder Bärlauchsuppe zwischendurch sind auf jeden Fall eine Bereicherung auf dem Speisezettel und dazu noch sehr gesund. Und mit ein paar Kalorien spendenden Zutaten wie Mehl, Eiern und Sahne entstehen vollwertige Mahlzeiten. Einige Wildgemüse wie die Bachbunge, der Bärlauch oder der Feldsalat ersetzen die üblichen Blattsalate. Die meisten Wildkräuter dienen bei Gemüse- und Fleischgerichten als feine Würze. Und angesetzt in Schnaps dient

manches Wildkräutchen als wirksame Medizin.

## Sauer, bitter, scharf – Ausgeprägte geschmackliche Eigenschaften der Wildgemüse

Da gibt es die ausgeprägte *säuerliche Geschmacksrichtung*, die sich für Salatsaucen, evtl. auch für Drinks gut eignet: Sauerampfer, Sauerklee, Tripmadam. Sehr wohlschmeckend ist die *milde nussige Variante*. Wildkräuter mit solchen geschmacklichen Eigenschaften eignen sich sehr gut für Salate. Ich denke dabei an die Bachbunge, an Feldsalat, an die Blätter des Hirtentäschelkrautes, an Topinamburknollen und sogar an ganz jungen Löwenzahn. Und nicht zu vergessen an die Käselaibchen der Weg-Malve.

# Wildgemüse

BENÖTIGTE GEMÜSE-
MENGEN FÜR EINEN
ERWACHSENEN

Gemüse als Beilage,
zum Kochen
200-250 Gramm

Gemüse als Rohkost
100-150 Gramm

Rohkost als Vorspeise
60-100 Gramm

Gemüse als Salat
100-150 Gramm

Grüner Salat als Beilage
50-80 Gramm

Bei anderen Wildkräutern bestimmen die *scharfen Senföle* den Geschmack: Barbarakraut, Brunnenkresse, Meerrettich, Wiesenschaumkraut. Wieder andere haben durch Bitterstoffe *eine bittere Note:* Beifuß (bitter-scharf-aromatisch), Löwenzahn, Schafgarbe. *Fein würzige Kräuter* gibt es eine ganze Menge: Gänseblümchen, Gänsefuß, Melde, Vogelmiere. Auch die Taubnessel ordne ich für mich in diese Kategorie ein. *Stark würzig* schmecken Giersch oder Geißfuß, Gundermann, Knoblauchrauke. *Süßlich* schmecken Rotkleeblüten, Blätter und unreife Samen der Süßdolde, Taubnesselblüten oder Waldmeister.

## *Wildgemüse für spezielle Zubereitungen*

Nicht alle Wildgemüse eignen sich für jeden Zweck. Je nach Geschmack und Konsistenz der Blätter bieten sie sich für bestimmte Zubereitungen an. Die Blätter einiger Wildkräuter, zum Beispiel die der Brennnessel, sind sehr robust. Sie vertragen ohne weiteres das Blanchieren. Die weichen Sauerampferblätter werden beim Blanchieren sofort matschig. Für Salate eignen sich am besten leicht säuerlich schmeckende Blätter, zum Beispiel die vom Sauerampfer. Herb schmeckende und harte Blätter sind nichts für eine feine Vinaigrette.

Für **Frischpresssäfte** kann man eigentlich jedes grüne Kraut nehmen. Am ergiebigsten sind: *Brennnessel, Brunnenkresse, Giersch, Löwenzahn, Wiesenschaumkraut*

Als **Blattsalat** eignen sich: *Bachbunge, Bärlauch, Barbarakraut, Feldsalat, Hirtentäschelblätter, Löwenzahn* Diese Blattgemüse schmecken

# verarbeiten

angenehm. Sie wachsen am Naturstandort oder im Garten in großer Menge, so dass mit wenig Zeit- und Putzaufwand die Salatschüssel gefüllt werden kann. Andere Blattkräuter wie Knoblauchrauke oder Scharbockskraut sind nicht so ergiebig. Kräuterfans mischen solche Kräuter zur Abrundung des Geschmacks unter andere Blattsalate oder fügen sie klein geschnitten der Salatsauce bei. Wichtig ist auf jeden Fall, dass die Blattgemüse gut gewaschen werden. Vergilbte Blätter entfernen. Pflanzen, die von Mehltau oder von Rost befallen sind, nicht verwenden.

Für **Salatsauce** (Vinaigrette) oder zum Untermengen unter Blattsalate, auch für Kräuterquark: *Bachbunge, Bärlauch, Barbarakraut, Bibernelle, Brunnenkresse, Feldsalat, Gänseblümchen, Giersch, Gundermann, Hirtentäschelblätter, Knoblauch-Rauke, Löwenzahn, Portulak, Sauerampfer, Sauerklee, Schafgarbe, Scharbockskraut, Tripmadam, Vogelmiere,*

*Kleiner Wiesenknopf, (»Pimpinelle«), Wiesenschaumkraut, Wilder Schnittlauch*

**Grundrezept Vinaigrette**
*Zutaten* (für 2 Salatportionen): eine Handvoll gemischte Kräuter fein hacken, 4 EL Olivenöl, 3 EL Aceto balsamico, 1 TL Dijon-Senf, 1 Knoblauchzehe, fein gehackt, ein paar Spritzer Zitronensaft, Salz, Pfeffer
*Zubereitung:* Olivenöl, Aceto balsamico, Dijon-Senf und Zitronensaft mit dem Schneebesen cremig schlagen, ersatzweise den Zauberstab nehmen. Mit

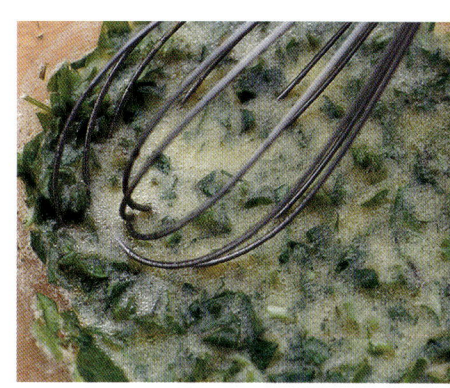

# Wildgemüse

Salz und Pfeffer und evtl. etwas Zucker abschmecken. Zum Schluss die Kräuter unterrühren und über den Blattsalat geben.

## Kräuterquark oder Dip

*Zutaten (als Dip oder Beilage für 2 Personen):* 250 g Quark (20 %iger), 50 g saure Sahne, etwas Milch zum glatt rühren, Salz, gehackte Kräuter

*Zubereitung:* Quark, Sahne und Gewürze glatt rühren, zum Schluss die Kräuter untermischen. Nach Geschmack mit Tabascosauce oder mit Sojasauce verfeinern.

## Pesto

*Bärlauch, Brennnessel, Brunnenkresse*

### Grundrezept Pesto

*Zutaten:* 500 g frisches Blattgrün, 75 g Parmesan (frisch gerieben), 75 g Pinienkerne (fein gehackt), 225 ml Olivenöl, Meersalz, Pfeffer, eventuell etwas Zitronensaft zum Abschmecken.

*Zubereitung:* Die sehr klein geschnittenen Kräuter mit den Pinienkernen und dem Parmesan im Mixer oder in der Küchenmaschine (bei geringer Geschwindigkeit) vermengen.

Dann das Olivenöl untermischen. Es muss eine Konsistenz wie Basilikumpesto haben.

## Suppe

*Brunnenkresse, Sauerampfer*

### Feine Wildgemüsesuppe Grundrezept

*Zutaten (für 2 Personen):* 1 kleine Zwiebel, fein gewür-

felt, 30 g Butter, 200 g Wildgemüse, fein geschnitten oder im Mixer zerkleinert, $1/2$ l Gemüsebrühe (ersatzweise

$1/2$ l Wasser und Gemüsewürze), etwas Mehl, 50 ml süße Sahne, gemahlener Pfeffer oder Tabasco nach Geschmack

*Zubereitung:* Die Zwiebel in der Butter glasig dünsten. Einen Teil der Wildkräuter kurz mitdünsten. Mit einem Teil der Gemüsebrühe ablöschen. Das Mehl zusammen mit Wasser in einem Schraubglas gut verschütteln und die Suspension in die Suppe geben. Gut verrühren, die restliche Gemüsebrühe zugeben und soviel Mehlwasser, bis die Suppe die gewünschte Dicke hat.

# verarbeiten

Die restliche Menge der Wildgemüse in die Suppe einrühren, ebenso die süße Sahne. Mit Pfeffer und Tabasco abschmecken.

### Gemüsegerichte, Aufläufe, Soufflé oder Füllungen

Hierfür eignen sich Kräuter, von denen größere Mengen in kurzer Zeit geerntet werden können. Sie dürfen nicht zu zart sein, sondern sollten eher eine harte Konsistenz aufweisen. Die meisten werden nach dem Waschen zunächst kurz blanchiert, dann zerkleinert und mit den Zutaten für die Aufläufe oder die Füllungen vermengt.

*Wiesen-Bärenklau, Brennnessel, Giersch, Guter Heinrich, Melde, Nachtkerze (Raponti-ka), Pastinake, Sauerampfer, Weiße Taubnessel, Topinambur*

### Grundrezept Wildgemüse

*Zutaten (für 2 Personen)*
ca. 500 g Wildgemüse aus dem Garten: zum Beispiel junge

Triebe der Weißen Taubnessel, Gierschblätter, Brennnesseltriebe ..., 1 kleine Zwiebel, ca. 20 g Butter, ca. 50 ml süße Sahne, 1 Prise Salz
*Zubereitung:* Das Wildgemüse waschen, verlesen und grob zerschneiden. Die Zwiebel klein würfeln. Butter in einem flachen Topf erhitzen, die Zwiebelwürfel darin anbraten, etwas später das Wildgemüse dazu geben und kurz mitbraten. Dann die Sahne zugeben und auf dem Herd noch etwas ziehen lassen.

### Salzige Kuchen

Kräuter mit leicht scharfem oder mit knoblauchartigem Aroma passen sehr gut in salzige Kuchen.
*Bärlauch, Knoblauchrauke, Wilder Schnittlauch*

### Brotbelag und zum Dekorieren:

Mit schön geformten Blättern und mit wohl schmeckenden Blüten erzielt man Showeffekte beim Anrichten auf dem Teller oder schlicht als Brotbelag:
*Brunnenkresse, Gänseblümchen, Kapuzinerkresse, Kerbel, Knoblauchrauke, Kleiner Wiesenknopf, Rotkleeblüten, Taubnesselblüten*

Blätter von Knoblauchrauke (links im Bild), Kleiner Wiesenknopf (oben) und Kapuzinerkresse als Brotbelag

# Wildgemüse *von* A–Z

Bachbunge, Bärlauch, Große Brennnessel, Brunnenkresse, Dost, Feldsalat, Gänseblümchen, Giersch, Guter Heinrich, Hirtentäschelkraut, Knoblauchsrauke, Kümmel, Löwenzahn, Meerrettich, Pastinake, Sauerampfer, Taubnessel, Topinambur, Tripmadam, Vogelmiere, Waldmeister, Wegerich, Wiesenknopf

# Bachbunge,
# Bach-Ehrenpreis

[Veronica beccabunga]

**Was wird gesammelt:**
**die fleischigen**
**Blatttriebe**

**Sammelzeit:**
**Frühjahr, Herbst**

**Verwendung:**
**Salat, Salatsauce,**
**Frischpresssaft**

**Inhaltsstoffe:**
**Bitterstoffe, Gerbsäure,**
**Aucubin**

**Tipp:**
**Die Bachbunge wächst**
**in der freien Natur**
**an den gleichen Plätzen**
**wie die Brunnenkresse**
**an Quellen und in**
**seichten Gräben.**

Die Bachbunge erkennt man an ihren fleischigen Blättern und zur Blütezeit an ihren azurblauen, ehrenpreisartigen Blüten. Sie wächst nur an feuchten Stellen: an und in Wassergräben, im Bereich von Quellen. Ihre niederliegenden Triebe richten sich an den Triebspitzen auf. Ich kenne eine Stelle im Wald, an der sich eine Quelle über einen Waldweg ergießt. Selbst im Hochsommer ist es hier immer ein wenig feucht. Die Bachbunge bildet einen viele Quadratmeter bedeckenden Bestand – ein idealer Platz zum Sammeln – hier kann ich mir die schönsten Pflanzen aussuchen. Die Bachbunge kommt als echte einheimische Wildpflanze wesentlich häufiger vor als die Brunnenkresse, die an den gleichen Plätzen wächst. Wie die Brunnenkresse flutet die Bachbunge auch im Wasser und bildet an den Blattknoten Wurzeln aus. Oft stehen die beiden Wildgemüse nebeneinander im Wasser.

Die beiden Wildgemüse lassen sich ohne weiteres im Salat mischen. So vermischen sich auch ihre geschmacklichen Eigenschaften: Die Brunnenkresse kresseartig scharf, die Bachbunge mit ihren fleischigen Blättern nussartig-mild. Die Blätter ähneln sehr dem Portulak, sie sind aber insgesamt größer. Botanisch betrachtet gehört die Bachbunge zu den Rachenblütlern; sie ist verwandt mit dem Löwenmäulchen. Mit den scharf schmeckenden Kreuzblütlern hat sie nichts zu tun. In der Volksheilkunde gilt die Pflanze in allerlei Zubereitungsformen als Mittel zur Blutreinigung und gegen Frühjahrsmüdigkeit.

# Bärlauch,
## [Allium ursinum]
## Wilder Knoblauch

Im April und Mai weht Spaziergängern aus den Wäldern feiner Knoblauchduft entgegen. Er stammt vom Bärlauch.

Es ist nahe liegend, dass er auch als Wilder Knoblauch bezeichnet wird. Dort, wo er vorkommt, bildet der Bärlauch dichte Bestände, die viele Quadratmeter, ja ganze Hänge im Wald bedecken. Das Allium-Gewächs vermehrt sich reichlich durch Samen. Bevorzugte Standorte vom Bärlauch sind feuchte Laubwälder, Schluchten und Auwälder. Es ist immer ein schönes Erlebnis, in einer solchen Umgebung Bärlauch zu sammeln. Etwas feucht, kalkhaltig und nährstoffreich sollte der Boden sein. In der Nachbarschaft wachsen oft Buschwindröschen, Teufelskralle, Aronstab und Waldschlüsselblume. Auf sauren, trockenen, karstigen Böden gedeiht der Bärlauch nicht. Er kommt deshalb im Nordschwarzwald, auf der Schwäbischen Alb, im Odenwald, im Alpenvorland und in vielen anderen Regionen Deutschlands mit dementsprechenden Bodenverhältnissen so gut wie gar nicht vor. Das vom Blatt her ganz ähnliche, hochgiftige Maiglöckchen mischt sich manchmal vom Rand her in die Bestände. Es unterscheidet sich durch die dunklere Färbung der Blätter und durch den fehlenden Geruch sicher vom Bärlauch. Eine Bärlauchpflanze bildet meist zwei deutlich gestielte Laubblätter aus. Von April bis Juni erscheinen die weißen Blütenstände

WAS WIRD GESAMMELT:
BLÄTTER, ZWIEBELCHEN

SAMMELZEIT:
APRIL BIS JUNI VOR
DER BLÜTE

VERWERTUNG:
SALAT, SALATSAUCE,
ANSETZEN IN SCHNAPS, PESTO

INHALTSSTOFFE PRO 100 G:
KJOULE/KCAL: 50/12,
MINERALSTOFFE: 0,85 G,
VITAMIN C: 150 MG
ÄTHERISCHES ÖL,
BIOKATALYSATOREN,
ANTIBIOTISCHER WIRKSTOFF
ALLICIN, FRUCTOSANE

TIPP:
BLÄTTER VOR DER
BLÜTE ERNTEN. FRISCH
VERWENDEN ODER EINLEGEN.
BEIM TROCKNEN
VERLIERT BÄRLAUCH SEINE
WIRKUNG

45

# Bärlauch, Wilder Knoblauch

[Allium ursinum]

auf langem bis zu 50 Zentimeter langem Stängel. Zur Blütezeit sollte man die Blätter nicht mehr verwenden. Nach der Blüte »zieht« der Bärlauch wieder ein. Die Blätter vergilben, sterben ab und verrotten. Im Sommer ist nichts mehr von dem Bärlauchwald zu sehen – bis zum Austrieb im darauf folgenden Jahr. Experimentierfreudige

Köchinnen bereiten aus den frischen Blättern würzige Salate, Saucen, Suppen und leckeres Pesto zu oder setzen Schnaps mit Bärlauch an. Das Wildgemüse wird vorzugsweise frisch verwertet. Bärlauch hat jedoch nicht nur kulinarische Qualitäten, sondern ist richtige Medizin; das Zwiebelgewächs regt die Verdauung an und ist gut für Leber und Galle. Gelobt wird Bärlauch allgemein wegen seiner entschlackenden Wirkung; das gesunde Kraut regt die Ausscheidung von Harnstoffansammlungen in Muskeln und Gelenken an und hilft so zuverlässig bei Gicht und Rheuma. Und als Nebeneffekt senkt das Kraut auch den Blutdruck. Wer einmal die wohltuende Wirkung des Bärlauchs verspürt hat, wird gerne mindestens einmal im Jahr mit Bärlauch kuren. Das heißt, möglichst acht bis zehn

Tage hintereinander eine ordentliche Portion Bärlauch im Salat oder als Brotbelag zu sich nehmen.

Bärlauchfreunde nutzen auch im Winter die Heilkraft in Form von Bärlauchschnaps (nur wenig nehmen) oder in Form von Frischpflanzenpresssaft aus dem Reformhaus. Und sogar die Zwiebeln könnte man verwenden. Die stecken jedoch tief im Boden und sollten besser an Ort und Stelle bleiben, damit das Kraut im Frühjahr neu austreibt. Wem das Sammeln von Bärlauch im Wald wegen der (sehr geringen) Gefahr der Infektion mit dem Fuchsbandwurm zu gefährlich ist, kann das Gewächs auch im Garten auf einem beschatteten Beet ansiedeln. Das gelingt gut durch Aussaat, durch Stecken der Zwiebelchen im Herbst oder durch Verpflanzen eines Bärlauchstockes im Frühjahr.

# Große Brennnessel

## [Urtica dioica]

Die Brennnessel ist eine Allerweltspflanze, die überall auf der Welt vorkommt – außer in arktischen Regionen, in der Wüste und im Hochgebirge. Besonders gut entwickelt sie sich an nährstoffreichen Plätzen – dort wo Mist oder Kompost gelagert ist sowie an Flussufern, überall dort, wo viel Stickstoff im Boden vorhanden ist. Fachleuten gilt die Brennnessel deshalb als »Zeigerpflanze« für hohen Stickstoffgehalt im Boden. In humosem Boden breitet sich die Pflanze mit ihren unterirdischen Wurzelausläufern schnell aus. Wegen ihrer enormen Wuchskraft gilt die Pflanze landläufig als »Unkraut«. Doch diese Einschätzung relativiert sich, wenn man um ihre positiven Eigenschaften weiß und wenn man sich einmal ihre Heilkraft zunutze gemacht hat. Die Brennnessel lässt sich außerordentlich vielfältig verwenden: die Blätter und Triebe frisch oder getrocknet für Teeaufgüsse, als Wildgemüse und als Tierfutter. Die getrockneten und verriebenen Blätter ergeben ein gutes Würzpulver für Suppen und Gemüse. Sogar die Samen sind gut zum Knabbern und als Vogelfutter. Sie enthalten Vitamine und pflanzliche Hormone, die das Immunsystem stärken und die Leistungskraft allgemein stärken sollen. Aus den Fasern stellten die Menschen in früheren Zeiten das Nesselgewebe für Kleidung und für Haushaltsgegenstände her. Heutzutage

WAS WIRD GESAMMELT:
JUNGE BLÄTTER,
JUNGE BLATTTRIEBE,
SAMEN

SAMMELZEIT:
WÄHREND DER GANZEN
VEGETATIONSZEIT
DIE JUNGEN TRIEBE

VERWERTUNG:
SALAT, GEMÜSE,
AUFLÄUFE, FÜLLUNGEN,
FRISCHPRESSSAFT

INHALTSSTOFFE PRO 100 G:
KJOULE/KCAL: 170/40,
MINERALSTOFFE: 2,26 G
(HOHER EISEN-
GEHALT: 4,1 MG!),
VITAMIN A
(GEMESSEN IN RETINOL-
ÄQUIVALENT): 742 µG,
VITAMIN C: 333 MG

# Große Brennnessel

## [Urtica dioica]

TIPP:

TRIEBE NACH DER
ERNTE MIT DEM NUDELHOLZ
LEICHT WELLEN.
SO BRECHEN DIE BRENN-
HAARE AB UND MAN
KANN DIE PFLANZEN
UNBESCHADET ANFASSEN!
AUSSERDEM BEGINNT ES GAR
NICHT ERST ZU BRENNEN,
WENN MAN DIE HÄNDE
NACH DEM ANFASSEN DER
BRENNNESSELN MIT ETWAS
ÖL EINREIBT, BEVOR MAN
SIE INS WASSER HÄLT

schätzen die Menschen die Brennnessel in allerlei Zubereitungen als entschlackende Frühjahrskur, zur Anregung der Blasen- und Nierenfunktion.

Leider hält eine unangenehme Eigenschaft sehr viele Menschen vom Verspeisen des wertvollen Gemüses ab: Die Brennnessel ist dicht besetzt mit Brennhaaren. Wer die Pflanze mit bloßen Händen anfasst, bekommt das zu spü-

ren – egal ob man sanft oder fest zupackt. Noch Stunden später flackert das Brennen neu auf, wenn die Hände mit Wasser in Berührung kommen. Also das brennende Gewächs am besten nur mit behandschuhten Händen ernten. Mit einem kleinen Trick erleichtert man sich die weitere Verarbeitung: Die Triebe mit einem Nudelholz sanft wellen; dann brechen die dünnen, glasartigen Brennhaare ab.

Nach der Zubereitung ist von dieser brennenden Eigenschaft allerdings nichts mehr zu spüren. Man muss sich keine Sorgen machen, dass die Blätter im Gaumen brennen.

# Brunnenkresse, Wasserkresse

## [Nasturtium officinale]

Feinschmecker schätzen die Brunnenkresse wegen ihres leicht scharfen und bitteren Geschmackes sehr. Das Gemüse lässt sich nur an seichten Stellen im fließenden Wasser anbauen. Solche Gegebenheiten finden sich kaum irgendwo. Deshalb bleibt kaum etwas anderes übrig, als Brunnenkresse in der freien Natur an Quellen oder in Gräben mit langsam fließendem, sauberen Wasser zu sammeln. Gelegentlich wird die Brunnenkresse auf Märkten angeboten. Spezialgärtnereien und Gemüsehändler in den Großstädten haben sie hauptsächlich im Winter im Sortiment und beziehen sie aus Holland oder aus Belgien. Es ist eigentlich ein wenig verwunderlich, dass die Brunnenkresse nicht mehr Verbreitung gefunden hat, denn kultiviert wird sie schon seit dem 17. Jahrhundert. In der Gärtnerstadt Erfurt hat die Brunnenkressekultur seit 1689 Tradition. An den Haage'schen Quellen wurden damals Becken, so genannte »Klingen« für die Kultur angelegt.

Die Brunnenkresse mit ihrem mild-scharfen Geschmack hat hervorragende geschmackliche Qualitäten. Feinschmecker verarbeiten sie so wie sie ist zu Salaten und zu Suppen. Die Reformwarenindustrie stellt Frischpflanzensäfte daraus her. Egal welche Zubereitungsart – die Brunnenkresse eignet sich hervorragend für Frühjahrskuren; das Kraut regt den Stoffwechsel an, aktiviert Niere, Leber und Galle. Brunnenkresse lässt sich hervorragend mit anderen Frühjahrskräutern mischen, zum Beispiel mit Löwenzahn, mit Scharbockskraut oder mit Birkenblättern.

WAS WIRD GESAMMELT:
DIE GANZE PFLANZE VOR DER BLÜTE

SAMMELZEIT:
DAS GANZE JAHR, VORZUGSWEISE IM WINTER
VON SEPTEMBER BIS MAI

VERWERTUNG:
SALAT, SUPPE, FRISCHPRESSSAFT, SALATSAUCEN

INHALTSSTOFFE:
VITAMIN A, VITAMIN B1, VITAMIN B2, VITAMIN C, VITAMIN D, SENFÖLGLYCOSID GLUKONASTURTIN, ÄTHERISCHES ÖL, KALIUM, EISEN, JOD, GERBSTOFF, BITTERSTOFF

TIPP:
BRUNNENKRESSE HÄLT SICH LANGE FRISCH, WENN MAN SIE MIT EISSTÜCKCHEN VERMISCHT.

# Dost,

[Origanum vulgare]

## Wilder Majoran

WAS WIRD GESAMMELT:
BLATTTRIEBE,
ABGESTREIFTE BLÄTTER,
BLÜTEN

SAMMELZEIT:
MAI BIS SEPTEMBER

VERWERTUNG:
GEMÜSEGERICHTE,
PIZZA, GEWÜRZ, ZUR
DEKORATION

INHALTSSTOFFE:
IN FRISCHEN BLÄTTERN
0,1% VITAMIN C,
ÄTHERISCHES ÖL, BITTER-
STOFFE, GERBSTOFFE

Der Wilde Majoran verströmt beim Riechen und Schmecken sein würziges Aroma: Dieses Kräutchen scheint beim Essen die Sommerwärme weiter zu geben. Ein Anklang an Thymian – nicht verwunderlich bei diesem eng verwandten Lippenblütler. Das Kraut wächst wild an sonnigen, eher trockenen Hängen der Mittelgebirgslandschaften in Deutschland, an Wegrändern und ist recht verbreitet. Die Wildpflanze gedeiht gut an sonnigen Stellen im Garten und vermehrt sich an Orten, die ihr zusagen, von alleine. Sie beginnt erst im Hochsommer zu blühen und blüht manchmal bis zum ersten Frost. Die Blüten ziehen Schmetterlinge und Bienen geradezu magisch an. Nach der Hauptblüte schneidet man die Triebe zurück. Die Pflanze treibt dann im Herbst frisches Blattgrün nach. Neben der Wildart Origanum vulgare mit violetten Blüten bieten die Kräutergärtner noch intensiver violett und sogar weiß blühende Sorten an, dazu solche mit kompaktem Wuchs (Origanum vulgare ›Compactum‹). Die jungen Blättchen ergeben, fein gewiegt, eine aromatische Würze für Kräuterquark, für Gemüse und für die Pizza. (Nebenbei bemerkt: Das Pizzagewürz »Oregano« ist eine Würzmischung, in der verschiedene Origanum-Arten enthalten sind, darunter auch *Origanum vulgare.*) Die Blüten und das blühende Kraut eignen sich besser für Teeaufgüsse und zum Dekorieren. Zudem lässt sich das Kraut gut trocknen. Ich nehme es als Bestandteil zu meiner Würzmischung á la »Kräuter der Provence«. Mit dem jungen Blattwerk würze ich sehr gerne Kohlrabi- oder Zucchinigemüse. Dost passt genauso gut zu allen südländischen Gerichten mit Tomaten.

# Feldsalat, Ackersalat, Rapunzel

[Valeriana locusta]

Ursprünglich ist der Feldsalat eine einheimische Wildpflanze der Äcker und der halbtrockenen Wiesen. Als Salatpflanze wird er erst seit etwa 50 Jahren in den Hausgärten angebaut. Heute gehört das Salatgemüse zum Standardangebot in den Lebensmittelgeschäften und das vor allem im Winter. Der Feldsalat hat nämlich die angenehme Eigenschaft, auch im Winter bei kühlen Temperaturen und bei wenig Sonneneinstrahlung zu wachsen. Deswegen sind im Winterhalbjahr die Gewächshäuser der Gärtner in unseren Breiten voll davon. Die Gärtner kultivieren breitblättrige und schmalblättrige Sorten, Sorten mit rundlichen Blättern, Sorten, die widerstandsfähig gegen Mehltau sind, usw. Die Pflänzchen entwickeln sich im Herbst oder im Lauf des Winters zur Ernte. Da jede einzelne Blattrosette abgeschnitten werden muss, ist die Ernte etwas mühsam. Aber das Ergebnis kann sich sehen oder besser schmecken lassen. In aller Regel ist der im Freiland angebaute Salat haltbarer als der hergetriebene aus den Gewächshäusern und von kräftiger Konsistenz. Und wer sich die Mühe machen und etwas ganz Besonders auf den Tisch bringen möchte, geht auch heute noch auf Sammeltour auf den Acker und auf die Wiese. Hier wächst Feldsalat nach wie vor wild mit einer ganz besonderen herben Note. Feldsalat gut putzen, aber so dass die Rosetten noch zusammen bleiben, und gut waschen, so dass Erde und Sand aus den Blattachseln ausgespült wird. Für Feinschmecker ist Feldsalat mit seinem angenehmen nussartigen Geschmack das Salatgemüse im Winter par excellence. Unabdingbar ist eine fein abgeschmeckte Vinaigrette .

WAS WIRD GESAMMELT:
BLATTROSETTEN

SAMMELZEIT:
SEPTEMBER BIS APRIL

VERWERTUNG:
FRISCH FÜR SALAT, FÜR
MISCHSALATE

INHALTSSTOFFE PRO 100 G:
KJOULE/KCAL: 58/14,
MINERALSTOFFE: 0,8 G,
VITAMIN A (GEMESSEN
IN RETINOLÄQUIVALENT): 650
µG, VITAMIN B1: 65 µG,
VITAMIN C: 35 MG

# Gänseblümchen, Tausendschön

## [Bellis perennis]

Gänseblümchen, das Blümchen der kleinen Mädchen, von dem sie gerne Sträußchen pflücken und Armbänder und Stirnbänder basteln. Seine winzigen weißen oder rosafarben angehauchten Blütenköpfchen mit gelber Mitte sehen allerliebst aus: die Wiesen-Margerite en miniature.

Es ist nicht verwunderlich, dass das hübsche Pflänzchen mit allerlei Namen bedacht wurde; es heißt auch Tausendschön, Maßliebchen, Augenblümchen ...

Das Gänseblümchen, botanisch betrachtet ein Korbblütler, eng verwandt mit der Margerite und dem Löwenzahn, wächst überall auf den Wiesen und Weiden, im Rasen, am Wegrand. Bei mir im Rasen stehen seine Blattrosetten dicht an dicht, so dass ich nur zuzugreifen brauche. Je nach Standort und Nährstoffangebot fallen die Blattrosetten mal größer, mal kleiner aus.

Das Gänseblümchen steht das ganze Jahr über zur Ernte bereit. Im Spätwinter und Frühjahr ist es am wertvollsten, weil zu der Zeit kaum anderes frisches Grün zur Ernte aus dem Garten zur Verfügung steht.

Ich verwende das Gänseblümchen vor allen Dingen zum Mischen mit anderen Salaten, mit Feldsalat etwa, auch kombiniert mit Löwenzahn. Das Gänseblümchen schmeckt leicht bitter und säuerlich und durch den Gerbstoffgehalt auch leicht zusammenziehend. Verwendet werden die ganzen Blattrosetten mit den Knospen und den Blüten. Lediglich alte vergilbte und angefressene Blätter schneidet man ab. Wer mag, kann die Blütchen zur Dekoration über Salate streuen. Die Blütenknospen kann man auch in einer Essig-Lösung marinieren und als Kapernersatz verwenden.

# Giersch, Geißfuß

## [Aegopodium podagraria]

Alle kennen den Giersch vom Ansehen her. Je nach Region wird er mit ausdrucksstarken Namen bedacht. Er heißt auch Gichtkraut oder Zipperleinkraut, weil er tatsächlich früher zum Kurieren von Gicht und Rheuma verwendet worden ist, dies sowohl innerlich in Form von Salat, Gemüse oder Tee als auch äußerlich in Form von Umschlägen mit dem gequetschten Blattwerk. Seine blutreinigende, entgiftende Wirkung sollten wir auch heute nutzen und die Blätter in der Alltagsküche verwenden.

Viele Gartenbesitzer machen mit dem Giersch eher unangenehme Bekanntschaft. Er wächst unter Sträuchern und im Staudenbeet, oft fast flächendeckend. Mit seinen Wurzelausläufern erobert er das Terrain. Durch einfaches Abrupfen der Blätter lässt er sich nicht in den Griff bekommen. Um ihn im Zaum zu halten, muss man schon die Wurzelstränge ausgraben oder herausziehen. Beim Unkrautjäten muss man jedes noch so kleine Wurzelstückchen entfernen, denn aus solchen kleinen Teilstückchen entstehen im Nu neue Pflanzen. Es ist deshalb nicht verwunderlich, dass er als lästiges Unkraut angesehen wird. Wildkräuterfreunde sollten nicht auf die Idee kommen, den Giersch im Garten anzusiedeln; allenfalls eine weiß-bunte Variante, die nicht so stark wuchert. Diejenigen, die den Giersch schon im Garten haben, können der Wildpflanze eine positive Seite abgewinnen, indem sie das junge Blattwerk ernten und in die Wildgemüseküche einführen. Die Blätter lassen sich hervorragend für Spinatgemüse verwenden, eventuell gemischt mit richtigem Spinat, mit Brennnesseln und mit Taubnesseln.

WAS WIRD GESAMMELT:
junge Blätter

SAMMELZEIT:
APRIL BIS OKTOBER

VERWERTUNG:
FRISCH ALS SALAT, FÜR SALATSAUCE, ALS SPINAT, FÜR PRESSSÄFTE

INHALTSSTOFFE PRO 100 G:
KJOULE/KCAL: 166/39,
MINERALSTOFFE: 1,52 G,
VITAMIN A (GEMESSEN IN RETINOLÄQUIVALENT):
684 µG,
VITAMIN C: 142 MG, BITTERSTOFFE,
ÄTHERISCHES ÖL

# Guter Heinrich und Weißer Gänsefuß

[Chenopodium bonus-henricus/ [Chenopodium album]

WAS WIRD GESAMMELT: JUNGE BLÄTTER, TRIEBSPITZEN

SAMMELZEIT: APRIL BIS SEPTEMBER

VERWERTUNG: FRISCH ALS SALAT, FÜR SPINATGEMÜSE, FÜR AUFLÄUFE, FÜR GEMÜSEBRÜHE

INHALTSSTOFFE: KJOULE/KCAL: 161/38, MINERALSTOFFE: 1,96 G, VITAMIN A (GEMESSEN IN RETINOL- ÄQUIVALENT): 948 μG, VITAMIN C: 219 MG, SAPONINE, ÄTHERISCHES ÖL

Guter Heinrich – ein einprägsamer Name – Indiz dafür, dass das Gewächs weit verbreitet und geschätzt war. In der Tat wuchs der Gute Heinrich früher auf fast jedem Bauernhof und im dörflichen Umfeld an nährstoffreichen Stellen. Die Bäuerinnen haben das Blattgemüse wie Spinat verwendet. (Den gab es in früheren Jahrhunderten noch nicht auf dem Speisezettel.) Heute ist der Gute Heinrich aus den Dörfern verschwunden. Nur auf abgelegenen Hofstellen und auf Bauernhöfen, die nicht so intensiv bewirtschaftet werden, entdecke ich das Gänsefußgewächs noch. Dort wächst er auf den Randstreifen, am Mistplatz, am Stall und unmittelbar am Haus. Der Gute Heinrich ist ausdauernd, also eine Staude und kommt jedes Jahr wieder.

Den Guten Heinrich muss man einmal bewusst gesehen und befühlt haben. Er sieht mit seinen grünen ährigen Blütenständen unscheinbar aus. Charakteristisch sind die bis 10 cm breiten und langen, dreieckigen-spießförmigen Blätter, die leicht bemehlt sind. Beim Anfassen spürt man die Mehlschicht.

Der Gute Heinrich lässt sich genauso wie Spinat verwerten. Die beiden gehören übrigens zur selben Pflanzenfamilie, zu den Gänsefußgewächsen mit weiteren essbaren Verwandten wie der Melde und dem Weißen Gänsefuß. Geerntet werden die jungen Triebspitzen und die jungen Blätter. Ältere Blätter werden hart und etwas bitter. Ich empfehle die Zubereitung als Blattgemüse nur leicht gedämpft als Beilage oder die Zubereitung als Auflauf nach einem sehr schmackhaften Rezept, das ich seit 20 Jahren in meinem Koch-Repertoire habe (s. Seite 88).

# Hirtentäschelkraut, Bauernsenf

[Capsella bursa-pastoris]

Eine echte Entdeckung! Das müssen Sie unbedingt probieren: die Blattrosetten des Hirtentäschelkraut als Salat. Das Blattwerk kann geschmacklich mit dem Feldsalat mithalten! Das Hirtentäschel ist ein Wildkraut, das auf Äckern, auf Ödland und an Wegrändern wächst. Seine Samenstände in der typischen Täschchen- oder eigentlich eher Herzform fallen auf. Das Kräutchen heißt deshalb auch Herzkraut oder Schneiderbeutel. Dazu ist das Hirtentäschelkraut eine wertvolle Heilpflanze. Früher war sie das Standardmittel zum Blutstillen bei äußeren und inneren Blutungen, auch bei Nasenbluten äußerlich und innerlich als Tee angewandt. Ob Hirtentäschelkraut bei dieser Indikation wirklich hilft, ist sehr umstritten. Heute nimmt man anderes für diesen Zweck. Möglicherweise wirkt das Hirtentäschelkraut auch günstig auf Herz und Kreislauf und stärkt – so ähnlich wie der Weißdorn – das Herz.

In der Wildgemüseküche können sowohl die Blätter als auch die fettreichen Samen verwendet werden. Ich ernte die Blattrosetten vor allem im Herbst am Rand von Rapsäckern. Dort stehen die bildschönen Rosetten dicht an dicht. Der Sammelkorb füllt sich schnell. Im Nu ist die nötige Menge für einen Salat geerntet. Das einzelne Blatt ähnelt mit seinem gezackten Rand dem Löwenzahn. Die Blätter schmecken mild und nussig und ergeben für sich allein einen hervorragend schmeckenden Blattsalat. Natürlich kann man die Blätter auch unter andere Blattsalate mischen.

WAS WIRD GESAMMELT:
JUNGE BLATTROSETTEN,
SAMEN

SAMMELZEIT:
FAST DAS GANZE JAHR ÜBER,
AUCH IM WINTER

VERWERTUNG:
FRISCH ALS SALAT, FÜR SALAT-
SAUCE, DIE FETTREICHEN
SAMEN FÜR GEMÜSEBRÜHE

INHALTSSTOFFE:
ACETYLCHOLIN, CHOLIN,
DIOSMIN, TYRAMIN,
HISTAMIN, GERBSTOFFE,
WENIG ÄTHERISCHES ÖL,
SAPONINE, FLAVONOIDE

# Knoblauchsrauke

[Alliaria
petiolata]

**Was wird gesammelt:**
junge Blätter

**Sammelzeit:**
fast das ganze Jahr
über

**Verwertung:**
frisch als Salat,
für Salatsauce,
für Kräuterquark,
zum Garnieren

Fast jeder hat die Knoblauch-Rauke im Garten oder bei Wanderungen schon gesehen. Sie steht an Wegrändern, an Hecken und Gebüschen. In England heißt das Pflänzchen deshalb treffend »hedge garlic«. Die Blätter mit ihrer charakteristischen Form erscheinen sehr bald im Frühjahr, schon im März. Nach wenigen Wochen schießt die Pflanze auf und beginnt zu blühen, oft schon zur Tulpenblütezeit.

Wird sie im Lauf des Sommers abgemäht schiebt sie neue Blütentriebe nach bis schließlich zum Herbst hin der Stängel dürr wird. Doch zu dieser Jahreszeit erscheinen schon wieder neue junge Blätter. Wer es wagt, an den Blättern zu reiben oder sie sogar zu essen wird verblüfft sein: Deutlicher Knoblauchduft ist da zu erschnuppern. Warum also nicht die Knoblauch-Rauken-Blätter als feine Würze für den Salat nehmen? Der Knoblauch-Geschmack ist zwar bei weitem nicht so intensiv wie beim richtigen Knoblauch, aber es genügt, um der Vinaigrette einen würzigen Hauch zu geben. Die Blätter der Knoblauch-Rauke sollten ganz jung verwendet werden; ältere Blätter werden hart. Und zum Dekorieren – nicht nur von Butterbroten – bieten sich die wohl geformten Blätter geradezu an.

# Kümmel

## [Carum carvi]

Kümmel ist eines unserer ältesten Gewürze. Die Germanen haben das Wildkraut schon verwendet. Schon seit Jahrtausenden schätzen die Menschen die wohltuende Wirkung des Kümmels auf die Verdauung und backen die Körner in Brot, würzen damit das Sauerkraut und setzen Kümmelschnaps damit an. Und sogar in der Feinschmeckerküche hat der Kümmel seinen festen Platz. Ich habe einmal in einem französischen Aromarestaurant voller Begeisterung Kümmelgelee zu Ziegenkäse gegessen.

Der Kümmel hat nachgewiesenermaßen eine blähungswidrige, Krampf lösende Wirkung. Damit die Körner voll wirksam werden, muss man die Samenkörner im Mörser oder im Mixer zerstoßen.

Der Kümmel wächst nach wie vor noch auf den Wiesen und an Wegrändern. Nicht überall, sondern nur dort, wo nicht intensiv gedüngt wird. Wer Kümmelkörner sammeln möchte, muss allerdings wissen, wie das Kraut aussieht. Kümmel ist verwandt mit Wiesenkerbel und Wiesen-Bärenklau, die ebenfalls auf der Wiese wachsen. Er ist jedoch viel kleiner, hat einen etwas schütteren Wuchs und fällt deswegen nicht so auf wie die beiden anderen sehr verbreiteten Wiesenkräuter. Kräutersammler suchen ihn erst wenn die Wiesen das erste Mal geschnitten sind, frühestens im Juni. Die Körner reifen nicht auf einmal, sondern nach und nach. Bei der Ernte der Stängel mit den Samenständen sollten noch nicht alle Körner trocken sein, sonst fallen sie aus. Zu Hause im Trockenen die Blütendolden noch nachtrocknen und die Körner abrebeln. Dunkel und kühl aufbewahren.

WAS WIRD GESAMMELT:
JUNGE BLÄTTER, SAMEN

SAMMELZEIT:
BLATTGRÜN IM FRÜHJAHR
UND HERBST, SAMEN ZUR
ZEIT DER SAMENREIFE
IM JULI-AUGUST

VERWERTUNG:
BLÄTTER ZUM WÜRZEN VON
KOHLGERICHTEN, SAMEN-
KÖRNER ZU SAUERKRAUT,
ZUM BROT BACKEN, FÜR
TEEAUFGÜSSE

INHALTSSTOFFE IN KÖRNERN:
ÄTHERISCHES ÖL
(BIS ZU 10 %), DER HÖCHSTE
GEHALT IN KÜHLEN LAGEN
IN NORDDEUTSCHLAND, IN
HOLLAND, DÄNEMARK
UND SKANDINAVIEN. AUSSER-
DEM FETTES ÖL, EIWEISS,
WENIG GERBSTOFF, HARZ

# Löwenzahn, Kuhblume

**[Taraxacum officinale]**

**Was wird gesammelt:**
junge Blätter, die ganze Blattrosette, Blütenknospen, Wurzeln

**Sammelzeit:**
fast das ganze Jahr über

**Verwertung:**
frisch als Salat, für Salatsauce, für Presssaft, Wurzeln für Tee, Kaffeeersatz

Der Löwenzahn ist eine der wenigen Pflanzen, die fast jeder kennt. Das mag an seinem einprägsamen Namen liegen. Der Löwenzahn wächst auf Wiesen, an Wegrändern, auf Ödland, auf dem Acker. Sogar aus Pflasterfugen schieben sich seine Rosetten. Seine Samen verbreiten sich mit ihren Schirmchen überall hin. Für kurze Zeit im Frühjahr überziehen die gelben Löwenzahnblüten die Wiesen.
Im Garten ist der Löwenzahn gemeinhin nicht erwünscht. Gartenbesitzer ziehen mit allerlei Stechgeräten oder sogar mit Unkrautvertilgungsmitteln gegen ihn zu Felde, um ihn aus dem Rasen zu verbannen. Sie sollten jedoch nicht zu gründlich gegen dieses Kraut vorgehen, denn es ist außerordentlich gesund und dazu noch wohl schmeckend, vorausgesetzt man mag das leicht Bittere, das seinen Blättern anhaftet – den

älteren mehr als den jungen. Die Franzosen und Italiener haben übrigens eine ganz andere Einstellung zum Löwenzahn. Sie bauen das Kraut sogar als Gemüse auf dem Feld an, bleichen es und verkaufen die dicken gebündelten Rosetten auf dem Markt als feines Gemüse. In Frankreich heißt das Kraut übrigens »pis-en-lit« – in derber deutscher Übersetzung: »Bettsaicherkraut« – ein deutlicher Hinweis auf die Wasser treibende Wirkung.
Die Blattrosetten erscheinen fast das ganze Jahr über. Nur im tiefsten Winter ziehen sie sich etwas zurück. Geerntet werden möglichst die jungen, zarten Blätter. Durch Bleichen werden die Blätter besonders zart: Einfach einen großen Topf über eine Pflanze stülpen; in den nachschiebenden Blättern kann sich durch den Lichtentzug nur wenig Chlorophyll bilden; sie kommen

# Löwenzahn, Kuhblume

[Taraxacum officinale]

deshalb bleich zum Vorschein. Kenner schätzen die Blätter mit ihrem nussartigen, leicht bitteren Aroma und bereiten einen Salat darauf zu. Wer etwas vorsichtiger ist, gibt klein geschnittene Löwenzahnblätter in die Salatsauce zu anderen Blattsalaten. Fast alle anderen Teile (außer dem Stängel) des Löwenzahns lassen sich verarbeiten. Die Blütenknospen kann man in eine Essig-/Salz-Lösung einlegen; so entstehen falsche Kapern. Die Wurzeln ergeben geröstet einen Kaffee-Ersatz – ganz ähnlich wie der »Muckefuck« aus der Zichorienwurzeln. Und essen kann man die Wurzel als Gemüse auch. Durch ihren Inhaltsstoff Inulin ist sie auch für Diabetiker geeignet. So ist man mit der Allerweltspflanze Löwenzahn für Notzeiten gerüstet!

Alle, die mit Niere, Leber und Galle Probleme haben, profitieren sehr von den heilkräftigen Substanzen in den Blättern (und in den Wurzeln): Die Bitterstoffe regen den Gallenfluss an und sorgen so für eine bessere Fettverdauung. Der Frischpresssaft aus der ganzen Pflanze kann kurmäßig angewandt wahre Wunder bewirken. Dazu vier bis sechs Wochen lang täglich zweimal jeweils 1 EL Löwenzahnsaft in Wasser verdünnt einnehmen.

INHALTSSTOFFE PRO 100 G BLÄTTER:
KJOULE/KCAL: 113/27,
MINERALSTOFFE: 1,65 G,
VITAMIN A (GEMESSEN IN RETINOLÄQUIVALENT): 1,3 MG,
VITAMIN B1: 190 µG,
VITAMIN C: 68 MG,
BITTERSTOFFE, ENZYMATISCH WIRKENDE STOFFE, SAPONINE, GERBSTOFFE, WENIG ÄTHERISCHES ÖL, INULIN, CHOLIN, EIWEISSSTOFFE

# Meerrettich, Kren

[Armoracia rusticana]

Meerrettich ist ein typisches Wintergemüse. Die frischen Stangen sind nur im Winter, in den Monaten mit einem »r« auf dem Markt. Früher auf dem Land war der Meerrettich traditionelles Wintergemüse. Leider sind frische Meerrettichstangen im Handel kaum zu bekommen. Allenfalls in den großen Supermärkten der Städte, gelegentlich auf dem Markt oder in Bioläden. Angeboten wird meist nur fertig zubereiteter Meerrettich im Glas – nur ein dürftiger Ersatz für frisch geriebenen Meerrettich, der einem das Wasser in die Augen treibt. – Beim Reiben werden die scharfen Senföle frei gesetzt. Das Wurzelgemüse riecht deshalb scharf und schmeckt auch so. Der geriebene Meerrettich sollte gleich mit Zitronensaft beträufelt oder weiter verarbeitet werden, damit er nicht braun wird. Meerrettichstangen, die man nicht gleich verbrauchen kann, stellen umsichtige Köche in ein Glas mit Wasser. Dann hält er sich frisch.

Der geriebene Meerrettich dient als scharfe Würze für allerhand Zubereitungen: für Suppen und Saucen, für Sahnemeerrettich, für Brotaufstriche .... Meerrettich schmeckt nicht nur gut, sondern ist auch ausgesprochen gesund. Die Glukosinolate (Senföle) sind effektive Bakterienkiller, speziell bei Erkältungskrankheiten und bei Blasenkatarrh. Außerdem regt der Meerrettich die Ausscheidungsorgane an: Nach Meerrettichgenuss steigt die Harnmenge! Von dem hoch wirksamen Gemüse sollte man also nicht zu viel zu sich nehmen: Mehr als 20 Gramm der frischen Wurzel am Tag sollte man nicht verzehren. Und bitte bedenken Sie, dass empfindliche Menschen auf die Senföle allergisch reagieren können.

# Pastinake,
# Hammelmöhre

[Pastinaca
sativa]

Wildgemüse oder Gartenpflanze? Bei der Pastinake ist das nicht ganz klar. Die Pastinakenwurzel sieht der Petersilienwurzel zum Verwechseln ähnlich. Eine einzelne Rübe kann ohne weiteres 800 Gramm auf die Waage bringen. Der Rekord liegt bei knapp 4 Kilogramm. Die Möhre hat dieses früher sehr verbreitete Gemüse fast ganz von den Speisezetteln verdrängt. Das ist ein wenig schade, denn die Pastinake nährt nicht nur, sie heilt auch; sie wirkt Verdauung fördernd und Harn treibend und ist deswegen gut bei Nieren- und Blasenbeschwerden. Für den Garten gibt es spezielle Kultursorten, meistens ist es die ›Halblange weiße‹. Die zweijährige Pflanze kommt im zweiten Jahr zur Blüte. Mit

ihren gelblichen Doldenblüten unterscheidet sie sich von anderen Doldenblütlern. Man kann ohne weiteres die Samen auch verwenden; sie schmecken sehr aromatisch und eignen sich zum Würzen von Suppen oder wie der Dill zum Einmachen von Gurken. Das Gemüse ist so robust, dass es draußen an Ort und Stelle im Gartenboden überwintern kann, eventuell mit einer leichten Decke aus Stroh oder aus Säcken geschützt vor allzu tiefem Frost. Manche Biohöfe bauen das Gemüse an und verkaufen es auf dem Markt. In der Küche wird die Pastinake so wie die Möhre und die Petersilienwurzel verarbeitet; roh oder gedünstet, in Scheiben geschnitten, geraffelt oder gestiftelt. Das Gemüse passt in Rohkostsalate, in Suppen und Aufläufe, lässt sich in Bierteig ausbacken (s. Rezept S. 103). Der Geschmack ist süßlich.

WAS WIRD GESAMMELT:
WURZELN, SAMEN

SAMMELZEIT:
AB SEPTEMBER DEN GANZEN WINTER ÜBER, SAMEN KURZ VOR DER VOLLREIFE IM AUGUST/SEPTEMBER

VERWERTUNG:
SUPPE, GEMÜSEGERICHTE

INHALTSSTOFFE:
KJOULE/KCAL: 249/59,
MINERALSTOFFE: 1,18 G,
RETINOLÄQUIVALENT 4 µG,
VITAMIN K: 1 µG,
VITAMIN B1: 80 µG,
VITAMIN B2: 130 µG,
NICOTINAMID: 940 µG,
PANTOTHENSÄURE: 500 µG,
VITAMIN B6: 110 µG,
BIOTIN: 100 µG,
FOLSÄURE 59 µG,
VITAMIN C: 18 MG,
ÄTHERISCHE ÖLE

# Sauerampfer

## [Rumex acetosa)]

Sauerampfer *(Rumex acetosa)* ist eine echte Wildpflanze von der Wiese. Er bevorzugt etwas feuchteren Boden, gedeiht aber auch noch auf trockenen Wiesen, dann tritt oft sein kleiner Bruder, der Kleine Sauerampfer *(Rumex aceto-sella)* an seine Stelle. Auf den Wiesen wachsen noch andere Ampferarten, der Krause Ampfer und der Stumpfblättrige Ampfer, beide mit viel größeren Blättern. Diese Gewächse werden in der Wildkräuterküche nicht verwendet, als Heilpflanzen haben sie eine gewisse Bedeutung. Den Sauerampfer für die Suppe kann man auf der Wiese sammeln, sofern man das Gras nicht zertrampelt. Praktischer ist es jedoch, wenn das Kraut in der Nähe des Hauses steht. Für den Garten gibt es großblättrige Züchtungen des Sauerampfers. Besonders empfehlenswert ist die Sorte ›Profusion‹ aus Kanada. Die Staude schiebt immer wieder neue Blätter nach bis zum Winter und sie beginnt sehr bald im Frühling zu treiben. Die Blätter schmecken feiner als die der Wildform und sie lassen sich gut für Salatsoßen, für Kräuterquark oder für leckere Sauerampfersuppen verwerten. Der große Vorteil dieser Sorte ist, dass sie nicht blüht und ihre ganze Wuchskraft in die Blätter steckt. Eine andere dekorative Sorte mit ähnlichen Wuchseigenschaft ist der Blutampfer *Rumex sanguineus* var. *sanguineus* mit roten Blattadern. Seine Blätter schmecken nicht ganz so sauer wie die der normalen Art. Beim Sauerampfer sollte man auf die Oxalsäure achten. Pflanzen, die an beschatteten Plätzen wachsen, entwickeln nicht so viel Oxalsäure wie diejenigen an sonnigen Standorten.

# Taubnessel, Weiße

## [Lamium album]

Die Taubnessel entpuppt sich tatsächlich als »taube Nessel«, als eine Nessel, die nicht brennt. Ihre Blätter sehen zwar denen der Brennnessel zum Verwechseln ähnlich, besitzen jedoch keine Brennhaare. Und die beiden Gewächse sind nicht einmal im botanischen Sinne verwandt miteinander. Die Taubnessel gehört zur Gruppe der Lippenblütler, zu der zum Beispiel auch der Wiesensalbei gehört. Die weißen Lippenblüten sollte man sich genau anschauen. Hummeln besuchen sie manchmal und holen Nektar. Kinder, die auf dem Land leben, wissen, dass man die Blüten »auszullen« kann, also den süßen Nektar auslutschen kann. Man kann die Blüten auch für Tee trocknen.

Landläufig wird die Weiße Taubnessel zu den so genannten Unkräutern gerechnet. Die Wildpflanze verhält sich jedoch dezent und breitet sich nur mäßig mit Ausläufern aus. Meistens findet man sie am Gebüschrand, unter Sträuchern, auf Baumscheiben, dort wo es eher feucht ist und häufig in der Nachbarschaft von Brennnesseln. Auf Wiesen kommt sie nicht vor, allenfalls in Randbereichen. Gezielt bekämpft werden muss sie keineswegs; im Gegenteil, Gartenbesitzer können sich über ihr Vorhandensein freuen und die frischen Blatttriebe für die feine Wildgemüseküche verwenden.

Die Taubnessel schmeckt viel milder als die Brennnessel oder der Giersch – eigentlich so, dass man sie problemlos in der Alltagsküche verwenden kann. Ich mische sie gerne mit den herberen Wildgemüsen, weil sie deren starken Eigengeschmack etwas abmildert. Die Taubnessel lässt sich genauso wie die Brennnessel gut dünsten und für Aufläufe oder Gratins verwenden.

WAS WIRD GESAMMELT:
JUNGE TRIEBE, BLÜTEN

SAMMELZEIT:
DEN GANZEN SOMMER ÜBER
BIS ZUM HERBST

VERWERTUNG:
BLATTTRIEBE FÜR SALAT UND
GEMÜSE, KRÄUTERQUARK
BLÜTEN ALS TEE UND
ZUR DEKORATION, FÜR SÜSS-
SPEISEN

INHALTSSTOFFE:
KJOULE/KCAL: 129/30,
MINERALSTOFFE: 1.64 G,
VITAMIN A (GEMESSEN
IN RETINOLÄQUIVALENT):
558 μG,
VITAMIN C: 216 MG,
SAPONINE, SCHLEIM,
GERBSTOFFE,
ÄTHERISCHES ÖL,
FLAVONGLYKOSIDE,
ALKALOID LAMIIN

# Topinambur, Knollen-
# sonnenblume

[Helianthus tuberosus]

Mit dem Topinambur steht für die Wildgemüseküche ein wirklich habhaftes (Wild-) Gemüse zur Verfügung. Es ist eigentlich schade, dass dieses Gemüse immer noch so wenig bekannt ist, dabei könnte es von seinen geschmacklichen Qualitäten ohne weiteres einen Stellenwert wie Möhren einnehmen. Es lässt sich genauso wie die Möhren roh oder gedünstet zubereiten, die Knollen kann man zu Saft verarbeiten und Spezialisten im Badischen stellen sogar einen Schnaps daraus her. Den eigenartigen Namen hat das Gemüse dem Indianerstamm Topinambo zu verdanken. Die Indianer sollen 1613 am Pariser Hof zu Gast gewesen sein. Ungefähr zu der Zeit ist der mit der Sonnenblume verwandte Korbblüter aus Amerika nach Europa gelangt. Wie Tomate und Kartoffel eine neue Kulturpflanze in unseren Landen, deren Karriere jedoch nicht ganz so spektakulär verlief. Als Gemüse konnte sich Topinambur nie so recht durchsetzen, obwohl er sich sehr leicht anbauen lässt. Dagegen hat es eine gewisse Bedeutung als Wildfutter erlangt. Förster und Jäger bauen das Knollengewächs gezielt auf Wildäsungsflächen an – als Futter für Wildschweine und für Rehe.

Das Sonnenblumengewächs vermehrt sich über Tochterknollen. Die Knollen bleiben im Winter im Boden und können jederzeit geerntet werden. Auf der anderen Seite schrumpeln die Knollen an der Luft sehr schnell und sind nicht mehr zu gebrauchen. Als Handelsware taugen sie deshalb nicht – nur für den Anbau im eigenen Garten oder für ganz schnelle Vermarktungswege. Das sollte Wildgemüsefans nicht davon abhalten, es mit der nahrhaften Knolle zu versuchen.

# Tripmadam

## [Sedum reflexum]

Das Kräutchen mit dem einprägsamen Namen ist fast zu schade zum Essen, zumindest zur Blütezeit sieht es attraktiv aus. Kaum jemand traut sich, die fleischigen Blatttriebe zu verspeisen, aus Unkenntnis und der Schönheit wegen. Die Tripmadam ist halb Garten- halb Wildpflanze. Sie stammt ursprünglich aus südlichen Ländern und breitet sich von den Gärten in die freie Natur aus. Mauerkronen, Mauerritzen sind ihr Refugium. Heiß und trocken muss es sein. Das Kräutchen ist perfekt an solche Plätze angepasst; in seinen dick fleischigen Blättern speichert es das Wasser und kann so längere Trockenzeiten überstehen. Seit einiger Zeit wird es für die Dachbegrünung propagiert. Im Garten kann man es problemlos im Steingarten oder an trockenen Pflanzstreifen rund ums Haus ansiedeln. Die Vermehrung ist ganz einfach: Es genügt, ein paar Blatttriebe abzuzupfen und an einer passenden Stelle auf die Erde zu legen. An Ort und Stelle zieht das Kräutlein Wurzeln. Und schon bald kann das Experimentieren beginnen: Das saftige Kraut passt fein geschnitten in Salatsaucen und in Kräuterquark und verleiht diesen seinen säuerlichen Geschmack!

WAS WIRD GESAMMELT:
BLATTTRIEBE

SAMMELZEIT:
WÄHREND DER GANZEN
VEGETATIONSZEIT

VERWERTUNG:
SALAT, SALATSAUCE,
KRÄUTERQUARK

# Vogelmiere,
## [Stellaria media] Hühnerdarm

Was wird gesammelt:
Blatttriebe,
auch mit Blüten

Sammelzeit:
fast das ganze Jahr über,
auch im Winter

Verwertung:
Salat, Salatsauce,
Frischpresssaft, für
Suppen, getrocknetes
Kraut für Tee

Inhaltsstoffe in 100 g:
kJoule / kcal: 30 / 7,
Mineralstoffe: 1,62 g (hoher Eisengehalt: 4,6 mg!),
Vitamin A (gemessen in
Retinoläquivalent):
383 µg, Vitamin C: 77 mg,
Saponine

Ein Allerweltskraut, das in jedem Garten als »Unkraut« wächst. Besonders auf gut gedüngten Gartenbeeten entwickelt sich die Vogelmiere gut. Sie wächst fast das ganze Jahr über. Sogar im tiefsten Winter erscheinen ihre zarten Triebe und öffnen sogar ihre sternförmigen Blüten. Sie mischt sich mit ihren zarten Trieben unter Feldsalat und anderes Wintergemüse. Man kann sie ohne weiteres ernten und unter alle grünen Blattsalate und unter Rohkostsalate mischen. Wenn man das einmal getan hat, wird man es immer wieder tun, denn die Vogelmiere ergibt eine hervorragende Würze und macht sich auch in Aufläufen und in Mischgemüsen gut.

# Waldmeister, Maikraut

**[Galium odoratum]**

Zu meiner Jugendzeit gab es Brausepulver mit Waldmeistergeschmack und Waldmeistereis. Schon wenn ich daran denke, stellt sich das prickelnde Waldmeistergefühl auf der Zunge ein. Ich könnte doch wieder mal Waldmeisterbowle machen. Die wichtigste Zutat, der Waldmeister selber, wächst seit eh und je vor meiner Haustür. Ich brauche nur zuzugreifen. Normalerweise wächst Waldmeister im Wald in größeren Beständen – zumindest in den Gegenden in Deutschland, wo ich bisher gewohnt habe. Das dunkelgrüne Blattwerk fällt durch die ungewöhnliche Blattstellung auf: das Blatt umgibt wie ein Quirl den Stängel und die Blätter stehen wie in Etagen übereinander. Im Mai erscheinen die winzigen weißen Blütchen und der einzigartige Waldmeisterduft mischt sich

in die Waldluft. (Die Duftstoffchemie erkennt diesen Duft als Cumarinduft.) Dann, bei beginnender Blüte, ist der richtige Erntezeitpunkt. Beim Trocknen intensiviert sich der Duft. Ich hänge das Kraut wegen des intensiven Duftes auch gerne in den Kleiderschrank und hoffe, dass er die Motten von den Wollstoffen abhält.

In den Großstädten verkaufen die Händler auf dem Markt den Waldmeister als »Maikraut«. Im Garten ist der Waldmeister ein dankbarer Bodendecker, der an schattigen Plätzen unter Nadelbäumen noch gedeiht, wo sonst kein anderes Kräutchen mehr hoch kommt. Die krautige Pflanze vermehrt sich nach und nach durch Ausläufer im Boden und kann so größere Flächen bedecken.

WAS WIRD GESAMMELT:
DAS KRAUT VOR DER BLÜTE
»MAIKRAUT«

SAMMELZEIT:
MAI BIS JUNI VOR DER BLÜTE

VERWERTUNG:
FÜR BOWLE, FÜR DEN KLEIDERSCHRANK

INHALTSSTOFFE:
CUMARINGLYKOSID
(SPALTET BEIM TROCKNEN CUMARIN AB),
ASPERULOSID,
BITTERSTOFFE, GERBSTOFFE

# Wegerich, Spitz-, Mittlerer, Breit—

[Plantago lanceolata, P. media, P. major]

Die Wegeriche sind Allerweltskräuter. Es gibt den Spitzwegerich, den Mittleren Wegerich und den Breitwegerich. Man kann sie leicht an der Blattform (lanzettlich, mittel breit und sehr breit bis fast rund) und an der Blüte unterscheiden. Sie wachsen am Wegrand, in der Wiese, auf dem Land genauso wie in der Stadt. Den Rosettengewächsen macht es nichts aus, wenn sie getreten werden. Der robusteste von allen dreien ist der Breitwegerich. Er behauptet sich am Straßenrand, zwischen Gehwegritzen, auf dem Fußballplatz ... Seine Blätter schmiegen sich dem Boden an. Der Spitzwegerich und der Mittlere Wegerich, die auf Wiesen und nicht ganz so stark frequentierten Wegrändern wachsen, strecken ihre Blätter nach oben. Sicheres Erkennungsmerkmal aller Wegeriche sind die längs des ganzen Blattes verlaufenden Blattnerven.

Die Wegeriche stehen immer zur Verfügung, wenn man sie braucht. Sie gelten als 1.Hilfe-Pflanzen bei Insektenstichen, bei wund gelaufenen Fersen, sie kühlen, äußerlich angewandt, hemmen die Entzündung und lindern den Schmerz. Innerlich als Tee getrunken hilft der Spitzwegerich gegen Husten. Eine weitere bewährte Zubereitung aus Spitzwegerich ist der Sirup, ebenfalls bei Husten anzuwenden. Der Presssaft aus den Blättern eignet sich hervorragend für eine Frühjahrskur.

Und auch kulinarisch haben die Wegeriche etwas zu bieten. Die Blätter passen mit allen anderen einheimischen Wildgemüsen zusammen. Die harten Blätter lassen sich gut in Streifen schneiden und unterziehen.

# Wiesenknopf, Kleiner Pimpinelle

[Sanguisorba minor]

Es gibt kaum einen Garten, in dem nicht die Pimpinelle im Kräuterbeet wächst. Sie gehört zum Standardrepertoire eines Kräutergärtchens. Pflanzen sind oft in ganz normalen Gärtnereien zu bekommen. Die Pimpinelle, die botanisch exakt eigentlich Kleiner Wiesenknopf heißt, ist eine echte Wildpflanze, die bei uns an trockenen Böschungen, auf trockenen Wiesen und Weiden vorkommt. Die gefiederten Blättchen können ganz unterschiedlich groß sein: an ganz trockenen, nährstoffarmen Plätzen bleiben sie klein, an feuchteren Orten und im Garten werden sie etwas größer. Der Kleine Wiesenknopf hat noch einen Verwandten, den Großen Wiesenknopf *(Sanguisorba major)* mit größeren Blättern, der an feuchten Orten, auf feuchten Wiesen und entlang von Gräben wächst. Der Große Wiesenknopf ist mit seinen dunkelroten »Knöpfen« als Blütenstand sehr dekorativ und macht sich in der Vase gut. Früher ist das Kraut als Heilkraut genutzt worden, heute jedoch nicht mehr gebräuchlich. Der Kleine Wiesenknopf schiebt seine Blüten bereits früh im Jahr. Dann werden die Blätter hart. Ich schneide deshalb mehrmals im Jahr alt gewordenes Blattwerk und Blütenstände ab, um den Neuaustrieb junger Blätter zu fördern.

Mit den Blättern beider Wiesenknopf-Arten kann man Salate würzen. Wiesenknopf hat einen intensiven Eigengeschmack, der sogar in dem Sieben-Kräuter-Gemisch der Frankfurter Grünen Sauce herausschmeckt. Zu viel sollte man nicht davon verwenden. Und ganz wichtig: Die Blättchen ganz fein wiegen und dabei die etwas harte Mittelrippe zerkleinern.

WAS WIRD GESAMMELT:
BLÄTTER

SAMMELZEIT:
FAST DAS GANZE JAHR ÜBER
VOR DER BLÜTE,
DER WIESENKNOPF BLEIBT
IN MILDEN WINTERN GRÜN

VERWERTUNG:
FEINGEWIEGT FÜR SALAT-
SAUCE, FÜR GRÜNE SAUCE

TIPP:
IM GARTEN DEN
WIESENKNOPF NACH DER
BLÜTEZEIT BIS AUF DEN
BODEN ZURÜCKSCHNEIDEN.
DANN TREIBT DIE STAUDE
FRISCHE BLÄTTER NACH.

# Wildgemüse Rezepte
## *von* A–Z

# Bachbunge

## Bachbungensalat

### Zutaten

Für 2 Personen
200 g junge Triebe der
Bachbunge
eine Handvoll scharfe
Würzkräuter aus dem Garten:
Wiesenschaumkraut,
Barbarakraut, Kresse oder
Brunnenkresse

Für die Vinaigrette
2 EL Sonnenblumenöl
2 EL Weißweinessig
Zitronensaft
1 TL Dijon-Senf
Pfeffer, Salz

### Zubereitung

In einer Salatschüssel die
Vinaigrette anrühren bzw. mit
dem Schneebesen cremig
schlagen
Blätter von den harten
Trieben abstreifen, Trieb-
spitzen ganz lassen.
Bachbunge vorsichtig mit
der Vinaigrette vermischen.
Würzkräuter darüber streuen.
Gleich servieren, da die Blät-
ter schnell glasig werden.

# Orangen-Blattsalat mit Bärlauchstreifen

## Zutaten

Für 4 Personen

100 g junge Brunnenkresse

6 junge Bärlauchblätter

4 Orangenfilets

6-8 dünne Scheiben magerer Frühstücksspeck

2 Scheiben Weißbrot

3 TL Sonnenblumenöl

4 EL Salatmayonnaise

2 EL Orangensaft

## Zubereitung

Brunnenkresseblättchen von den Stielen abzupfen und waschen. Bärlauchblätter waschen und in schmale Längsstreifen schneiden. Orangen schälen und filetieren. Weißbrot in maximal 1x1 cm große Stücke schneiden. Aus Salatmayonnaise, zwei fein gehackten Bärlauchblättern und dem Orangensaft ein Dressing anrühren. Den Speck vorsichtig in einer beschichteten Pfanne goldbraun rösten, gleichzeitig das in Würfel geschnittene Weißbrot rundum in heißem Sonnenblumenöl rösten. Salat auf Tellern anrichten, Dressing dazu geben und die heißen Weißbrot-Würfel darüberstreuen.

# Brennnessel

## Brennnessel-Lasagne

### Zutaten

Für 2 Personen

200 g frische Brenn-
nesseltriebe

200 g frische Champignons

einige Triebe frische Garten-
kräuter: Wilder Majoran,
Thymian, Ysop

frisch gemahlener schwarzer
Pfeffer

Lasagneblätter nach Bedarf

200 g süße Sahne

200 g Tomatenmark

1 Glas trockener Weißwein

400 g Mozzarella

### Zubereitung

Die Brennnesseln in kochendem Salzwasser 2 bis 3
Minuten lang blanchieren,
abtropfen lassen.

Für den Guss süße Sahne
mit Tomatenmark, dem Moz-
zarella-Sud und Weißwein
verrühren, so dass eine dick-
flüssige Masse entsteht. Backofen auf 220 bis 250 °C vorheizen. Auflaufform einfetten.
1 Lage Lasagneblätter auslegen. Brennnesseln, Champignonscheiben, Kräuter und
ca. ein Drittel der Sahne-/To-
matenmark-Mischung darauf
verteilen, mit dünn geschnit-
tenem Mozzarella belegen.
Es folgen zwei weitere Lagen
mit denselben Zutaten.
Den Abschluss bildet eine
Lage dünn gerupfter Mozzarella.

# Brunnenkresse

## Brunnenkressesuppe

### Zutaten

Für 2 Personen
1 kleine Zwiebel
ca. 30 g Butter
1 Handvoll Brunnenkresse
1/2 l Gemüsebrühe
ca. 1 EL Mehl
ca. 50 ml süße Sahne
etwas frisch gemahlener
schwarzer Pfeffer,
etwas Muskatnuss

### Zubereitung

Die Zwiebel in der Butter glasig dünsten. Einen Teil der Wildkräuter kurz mitdünsten. Mit einem Teil der Gemüsebrühe ablöschen. Das Mehl zusammen mit Wasser in einem Schraubglas gut verschütteln und die Suspension in die Suppe geben. Gut verrühren, die restliche Gemüsebrühe zugeben und soviel Mehlwasser, bis die Suppe die gewünschte Dicke hat. Die restliche Menge der Wildgemüse in die Suppe einrühren, ebenso die süße Sahne. Mit Pfeffer und frisch geriebener Muskatnuss abschmecken

# Brunnenkresse

## Brunnenkresse-Pfannkuchen mit Sauerrahm (Blinis)

### Zutaten

Für ca. 8 kleine Pfannkuchen

80-100 g abgezupfte
Brunnenkresse-Blätter

2 Eier

50-60 g Buchweizenmehl

25 g Mehl

2 TL Backpulver

30 g flüssige Butter

50 ccm Milch

1 Prise Salz

Butterschmalz zum Braten

150 g Sauerrahm

2 El gehackte Kräuter
der Saison

etwas grobes Salz

frisch gemahlener
schwarzer Pfeffer

### Zubereitung

Brunnenkresse, Eier, Buchweizenmehl, Backpulver, Mehl, Butter, Milch und Salz im Mixer aufschlagen und pürieren. 30 Minuten ruhen lassen.

In einer Pfanne Butter erhitzen. Bei mittlerer Hitze kleine Pfannkuchen backen und in einem Tuch warm halten. Zum Servieren auf jeden Pfannkuchen einen Klecks Sauerrahm setzen. Mit grobem Salz, gehackten Kräutern und Pfeffer bestreuen.

# Dost

## Zucchinigemüse mit Dost

## Zutaten

Für 2 Personen
1 kleine Zucchini,
ca. 500 g, gewürfelt
1 Tomate, fein gewürfelt,
ersatzweise
Tomatenmark
1 kleine Zwiebel
4 EL Olivenöl
1 Glas Weißwein
Salz, Pfeffer
Frisches Kraut vom Dost
(Wilder Majoran)

## Zubereitung

Zwiebel in Olivenöl glasig braten, Zucchiniwürfel dazugeben, kurz anbraten, gewürfelte Tomaten dazu, mit Weißwein ablöschen, mit den Gewürzen abschmecken. Mit fein gezupftem Wildem Majoran bestreuen. Gleich servieren.

# Feldsalat

## Feldsalat mit Tofucroutons

### Zutaten

Für 2 Personen
200 g Feldsalat
200 g Shii-Take-Pilze
1 rote Paprikaschote
2 Knoblauchzehen
1/8 l Sojaöl
3 EL Apfel-Essig
150 g Tofu
2 EL Sojasauce
Pfeffer

### Zubereitung

Den Tofu in einem sauberen Küchentuch trocken tupfen. In kleine Würfel mit knapp 1 cm Kantenlänge schneiden. Vom Öl 5 bis 6 EL für die Sauce abnehmen. Den Rest in einer tiefen Pfanne erhitzen und die geschälten, halbierten Knoblauchzehen darin leicht bräunen. Die Zehen herausnehmen. Die Tofuwürfel in dem Öl unter häufigem Wenden goldgelb braten. Mit dem Schaumlöffel herausheben und auf einer dicken Lage Haushaltspapier abtropfen lassen. Die Pilze in dem heißen Knoblauchöl braten. Ebenfalls mit dem Schaumlöffel herausnehmen und auf dem Haushaltspapier abtropfen lassen. Den vorbereiteten Salat auf vier Tellern verteilen, Pilze und Paprikawürfel darauf geben und mit Tofucroutons bestreuen. Essig und Soja-Sauce verrühren, dann tropfenweise unterrühren. Die Vinaigrette über den Salat träufeln und mit dem Pfeffer übermahlen.

# Gänseblümchen

## Kartoffelsalat
## mit Gänseblümchen

### Zutaten

1 kg fest kochende Kartoffeln,
z.B. Sieglinde
1 kleine Zwiebel,
gewürfelt
3 EL Weinessig
3 EL neutrales Pflanzenöl,
z.B. Sonnenblumenöl
etwas Gemüsebrühe
Salz,
weißer Pfeffer
1 Handvoll Gänse-
blümchenrosetten

### Zubereitung

Die Salatkartoffeln mit der Schale im Kartoffeldämpfer gar kochen. Die Kartoffeln mit kaltem Wasser abschrecken, sofort die Schale abziehen und in ganz dünne Scheiben schneiden. Unter die warmen Kartoffelscheiben sofort Essig und Öl und die Gewürze mengen. Durchziehen lassen. Erst unmittelbar vor dem Anrichten die Gänseblümchen-rosetten untermengen.

# Giersch

## Palatschinken mit Gierschfüllung

### Zutaten

Für 4 Personen

150 g Weizenmehl

2 Eier

350 ml Milch

ca. 25 ungehärtetes Kokosfett zum Braten

Zutaten für die Füllung

1000 g frische junge
Gierschblätter

2 Zwiebeln, fein gehackt

40 g Butter,

2 Knoblauchzehen,
fein gehackt

200 g Schafkäse,

40 g Ziegen-Hartkäse

etwas Petersilie

geriebene Muskatnuss

ca. 1,5 TL Salz,

1/2 TL Oregano, gerebelt

### Zubereitung

Eier mit Milch verquirlen, dann Mehl und Salz zufügen und zu einem glatten Teig verrühren. Den Teig ca. 5 Minuten quellen lassen, dann in einer unbeschichteten Pfanne mit dem Kokosfett dünne Pfannkuchen backen. Für die Füllung die Gierschblätter waschen, verlesen und in einem großen Topf kurz blanchieren. Die Zwiebeln leicht bräunen, dann den vorbereiteten Giersch zugeben und unter Rühren garen. Gewürfelten Schafkäse, Petersilie und gehackten Knoblauch unter den Giersch rühren. Die Füllung auf die Palatschinken verteilen, zu Rouladen aufwickeln und in eine große gefettete Auflaufform oder auf ein gefettetes Backblech legen. Ziegenkäse reiben und über die gefüllten Palatschinken streuen. Im Backofen nochmals ca. 15 Minuten bei 180 °C überbacken.

# Guter Heinrich

## Hirseauflauf mit Gutem Heinrich

### Zutaten

1 Tasse Hirse

2 Tassen Wasser

2 große oder 3 kleine Eier

100 g Reibkäse

Pfeffer, Salz, Muskat

2 Handvoll Guter Heinrich

Butter für die Form

### Zubereitung

Hirse mit dem Wasser aufkochen und bei niedriger Temperatur ausquellen lassen. Abkühlen lassen. Guter Heinrich waschen und kurz blanchieren. Die Blätter grob zerkleinern. Die Eier, den Käse und die Gewürze und zum Schluss den Guten Heinrich unter die körnige Hirse ziehen. Die Hirsemasse in eine flache, gefettete Auflaufform füllen. Auf der Oberfläche ein paar Butterflöckchen verteilen.

Im Backofen auf der mittleren Leiste etwa 1/2 Stunde bei 220 °C backen.

Statt der Hirse kann auch ein anderes Getreide, zum Beispiel Dinkel oder Grünkern verwendet werden.

# Guter Heinrich
# Gänsefuß

## Pikante Käsebällchen in Gänsefußmantel

### Zutaten

Für 4 Personen
einige große Blätter
von Gänsefuß, roter
oder grüner Melde
200 g Limburger
100 g Tilsiter
mit geschmierter Rinde
200 g körniger
Frischkäse
50 g Butter
1/2 rote Paprika
2 Schalotten
30 ml Essig
60 ml Walnussöl
frisch
geschroteter Pfeffer

### Zubereitung

Gänsefuß- oder Meldeblätter in kochendem Wasser kurz blanchieren, kalt abschrecken und auf Küchenkrepp ausbreiten.

Limburger und Tilsiter mit der Gabel zerdrücken oder im Blitzhacker grob zerkleinern. Körnigen Frischkäse auf einem Sieb abtropfen lassen. Alle Käsesorten mit weicher Butter mischen und für 2 – 3 Stunden in den Kühlschrank stellen.

Mit zwei Teelöffeln kleine Bällchen formen, in Gänsefußblätter hüllen und auf einer Platte anrichten. Paprika entkernen, Schalotten pellen und beides sehr fein hacken. Mit Essig und Öl mischen. Über die Bällchen gießen und kräftig pfeffern.

# Hirtentäschel

## Hirtentäschelsalat mit Schafkäse

### Zutaten

Für 2 Personen
ca. 300 g Blattrosetten
vom Hirtentäschel
(von einem
ungespritzten Acker)
1 runder Schaffrisch-
käse, ca. 150 g
3 EL Olivenöl
2 EL Apfelessig
1 EL Aceto
balsamico
ein Spritzer Zitronensaft
Salz,
frisch gemahlener
Pfeffer
ein paar fein gehackte
Haselnüsse

### Zubereitung

Die Blattrosetten gut waschen, vergilbte Blätter entfernen. Vinaigrette anrühren und damit den Blattsalat übergießen. Mit dem Schaf-Frischkäse belegen.

# Kümmel

## Emmentaler Käsetrüffel

### Zutaten

Für 18 Käsetrüffel

100 g Emmentaler Käse

100 g Greyerzer Käse

1 El gehackte Petersilie

3 El Weißwein

100 ml flüssige süße Sahne

2 TL ganzer Kümmel

2 TL getrocknete
Petersilie

1 gestr. TL Schabzigerklee,
gemahlen

1/2 TL Paprikapulver,
edelsüß

Salz, Pfeffer
aus der Mühle

### Zubereitung

Emmentaler und Greyerzer Käse fein reiben und mit Petersilie, Weißwein und Sahne gut vermischen. Die Käsemasse mit Schabzigerklee, Pfeffer und Salz abschmecken und zu etwa walnussgroßen kugeln formen. Ein Drittel der Kugeln in Kümmel und ein Drittel in getrockneter Petersilie wälzen. Die restlichen Kugeln leicht mit Paprikapulver bestäuben. Die Käsekugeln mit etwas Feldsalat auf einem Teller anrichten, dazu Kräcker oder Baguette reichen und als Vorspeise oder Snack zu einem Glas Wein servieren.
Traditionell werden die Käsetrüffel nur in Kümmel gewälzt. Mit Petersilie bzw. Paprikapulver schmecken sie aber ebenfalls prima und sehen dekorativ aus.

# Löwenzahn

## Löwenzahn-Salat ländliche Art

### Zutaten

Für 2 Personen
1 Schüssel Löwenzahnblätter
oder kleine Blattrosetten
Champignons
50 g Haselnüsse
4 Knoblauchzehen
2 hartgekochte Eier

Für die Vinaigrette
4 EL Olivenöl
1 EL Zitronensaft
2 EL Weißweinessig
Salz, Pfeffer,
Dijon-Senf

### Zubereitung

Löwenzahnblätter gründlich waschen, kleinere Blätter ganz lassen, die großen in Streifen schneiden. Champignons abziehen, in Scheiben schneiden. Nüsse und Knoblauch fein hacken. Die Salatsauce zubereiten, Nüsse und Knoblauch unterrühren. Eier klein würfeln

Schön geformte Löwenzahnblätter auf einem runden Teller sternförmig auslegen, Champignonscheiben im Kreis darüber legen, restliche Löwenzahnblätter zerkleinern und in der Mitte des Tellers aufhäufen. Die Nuss-Vinaigrette von der Mitte her über den Salat verteilen. Mit den gehackten Eiern garnieren.

# Meerrettich

## Meerrettichsülze

### Zutaten

1 kleine Stange Meerrettich
Zucker, Salz
2 EL Salatmayonnaise
400 ml trockener Weißwein
ein paar Spritzer
Zitronensaft
10 Blatt weiße Gelatine

### Zubereitung

Meerrettich fein reiben. Mit etwas Zucker, Salz, Salatmayonnaise, Weißwein und Zitronensaft mischen. Inzwischen Gelatine in kaltem Wasser einweichen. Nach etwa 10 Minuten ausdrücken und mit etwas heißem Wasser unter Rühren auflösen. Zu den übrigen Zutaten geben, unterrühren, abschmecken und in kalt gespülte Förmchen füllen. Etwa 2 Stunden in den Kühlschrank stellen. Dazu passt: kalter Schweinebraten, Roastbeef oder geräucherter Fisch.

# Pastinake

## Pastinaken-Möhren-Kuchen

### Zutaten

Für den Teig
50 g Butter, 200 g Mehl
1/2 TL Backpulver
1 Ei, 3 EL saure Sahne
etwas Salz

Für den Belag
1 mittelgroße Möhre,
ca. 200 g
1 mittelgroße Pastinake,
ca. 300 g
100 g geriebener Emmentaler oder Greyerzer Käse
2 Eier, Hefeflocken
100 g saure Sahne
2-3 Knoblauchzehen,
fein gehackt
ein paar Haselnüsse,
fein gehackt
Salz, Pfeffer

### Zubereitung

Alle Zutaten für den Teig miteinander verkneten. Ca. 1/2 Stunde lang zugedeckt ruhen lassen.

In der Zwischenzeit die Pastinake und die Möhre putzen und raffeln. Alle Zutaten unter mischen.

Eine Springform leicht einfetten, mit dem Teig belegen und den Teigrand mit den Fingern ca. 3 cm hoch drücken. Den Teigboden mehrmals mit einer Gabel einstechen. Die Gemüse-Ei-Käse-Masse darauf verteilen. Mit geriebenem Käse bestreuen. Im Backofen bei ca. 220 °C ca. 30 Minuten backen bis der Belag leicht gebräunt ist. Schmeckt warm und kalt! Zusammen mit Salat ein leckeres Mittagessen!

# Pastinake

## Wurzelgemüsestreifen im Bierteig

### Zutaten

Für 4 Personen
2 Eier
125 ml Bier
2 EL neutrales Öl,
z.B. Rapsöl
140 g Mehl, Salz
1 Möhre, 1 Pastinaken-
wurzel,
2 EL Butter
50 ml Milch
1 Bund Petersilie
200 g Quark
2 EL geriebener Meerrettich
250 g Butterschmalz
Pfeffer

### Zubereitung

Für den Bierteig: Eier trennen, Eigelbe mit Bier und Öl verrühren. Mehl nach und nach untermischen. Den Teig 1 Stunde ruhen lassen, dann das Eiweiß mit einer Prise Salz steif schlagen und unter den Teig heben.

Wurzelgemüse in Streifen schneiden und in Salzwasser 1 Minute blanchieren.

Für den Dip: Butter und Milch in einem kleinen Topf so weit erwärmen, dass die Butter gerade eben schmilzt. Petersilie hacken und mit Quark und Meerrettich in die Milchmischung rühren. Den Dip mit Salz und Pfeffer abschmecken. Butterschmalz in einer großen Pfanne erhitzen. Gemüsestreifen mit einer Gabel durch den Bierteig ziehen und portionsweise im heißen Fett 3-4 Minuten goldbraun ausbacken. Mit einem Schaumlöffel herausnehmen und auf Küchenkrepp abtropfen lassen. Salzen und sofort mit dem Dip servieren.

Nicht zu viele Gemüsestreifen auf einmal ausbacken, damit das Fett heiß bleibt, die Gemüsestreifen schön knusprig werden und nicht durchweichen.

# Sauerampfer

## Sauerampfersoufflé

### Zutaten

Für 4 Portionen als Vorspeise
ca. 200 g Sauerampfer-
blätter, von harten Stielen
befreit und in
feine Streifen geschnitten
ca. 100 g geriebener Emmentaler oder Greyerzer Käse
1 kleine Zwiebel, gewürfelt
20 g Butter
ca. 1/2 EL Mehl
3 große oder 4 kleine Eier

### Zubereitung

Die Zwiebel in Butter glasig
dünsten. Das Mehl in einem
Schraubglas mit Wasser
verschütteln und mit dem
Mehlwasser die Zwiebeln
ablöschen. Die Masse etwas
abkühlen lassen. Die Eier
trennen. Käse, Sauerampfer
und Eigelb unter die Zwiebel-
masse mischen. Das Eiweiß
schlagen und vorsichtig unterziehen. Die Masse gleich-
mäßig auf 4 flache, gefettete
Förmchen verteilen.
Den Backofen auf 200 °C
vorheizen und das Soufflé
ca. 20 Minuten backen.

# Sauerampfer

## Seelachsfilet mit Sauerampfer

### Zutaten

Für 4 Personen
ca. 600 g frisches
Seelachsfilet
Zitronensaft
1 mittelgroße Zwiebel,
fein gewürfelt
30 g Butter
ca. 100 ml trockener
Weißwein
250 ml Gemüsebrühe
100 g Créme fraiche
Salz, frisch gemahlener
weißer Pfeffer
ca. 1/2 EL Mehl
1 Handvoll Sauerampfer-
blätter

### Zubereitung

Das Fischfilet waschen, mit Zitronensaft beträufeln. Die gewürfelte Zwiebel in Butter glasig dünsten. Mit etwas Weißwein und Gemüsebrühe ablöschen. Fischfilet einlegen. Etwas Gemüsebrühe zugeben. Fisch bei ganz niedriger Temperatur garen. Fischfilet herausnehmen und warm stellen. Den Rest der Gemüsebrühe und den Weißwein zugeben. Aufkochen. Mehl und Wasser in einem Schraubglas verschütteln und zum Abbinden zur Sauce geben. Créme fraiche und die Gewürze unterrühren. Einen Teil des geschnittenen Sauerampfers zugeben. Nicht mehr weiter dünsten. Das Fischfilet portionsweise auf Tellern anrichten, mit der Zwiebel-Sahne-Sauce übergießen und mit den restlichen Sauerampferblättern bestreuen. Mit ganzen, schön geformten Sauerampferblättern, zum Beispiel vom Blutampfer, dekorieren.

# Taubnessel

## Taubnesselgemüse auf Toast

### Zutaten

4 Scheiben Kasten-
Vollkornbrot, getoastet

ca. 200g Wildkräuter
aus dem Garten:
junge Triebe der Weißen
Taubnessel, Gierschblätter,
Brennnesseltriebe ...

1 kleine Zwiebel

ca. 20 g Butter

ca. 50 ml süße Sahne

1 Prise Salz

### Zubereitung

Das Wildgemüse waschen, verlesen und grob zerschneiden. Die Zwiebel klein würfeln. Butter in einem flachen Topf erhitzen, die Zwiebelwürfel darin anbraten, etwas später das Wildgemüse dazu geben und kurz mitbraten. Dann die Sahne zugeben und auf dem Herd noch etwas ziehen lassen. Die Vollkornbrot-Scheiben toasten und das Wildgemüse darauf verteilen. Warm essen.

# Topinambur

## Topinambur-Möhren-Gemüse

### Zutaten

500 g in grobe Würfel
geschnittene Möhren
500 g in grobe Würfel
geschnittenen Topinambur
1 große Zwiebel
ca. 30 g Butter
Pfeffer, Salz

### Zubereitung

Die fein geschnittene Zwiebel in dem Öl anbraten.
Das Gemüse kurz mitbraten. Mit Wasser oder Gemüsebrühe ablöschen. Temperatur zurücknehmen und das Gemüse weiter bissweich dünsten.
Wer mag, kann zum Schluss noch rohes Sauerkraut untermischen. Das Gemüse mit Pellkartoffeln servieren.

# Tripmadam

## Kräuterquark mit Tripmadam

### Zutaten

250 g Magerquark
50 g Saure Sahne oder süße
Sahne (je nachdem,
was der Kühlschrank hergibt)
Salz
50 g Tripmadam, Portulak

### Zubereitung

Quark und Sahne mischen. Tripmadam und Portulak ganz fein wiegen und unter den Quark ziehen. Etwas durchziehen lassen. Schmeckt als Brotaufstrich genauso gut wie zu Kartoffeln in der Schale.

# Vogelmiere

## Rinderfilet im Kräuter-Lauch-Mantel

### Zutaten

Für 4–6 Personen

700 g Rinderfilet

1 Bund glatte Petersilie

50 g Vogelmiere

200 g Frischkäse

30 g Sardellenfilets

25 g Kapern

2 Knoblauchzehen

1 EL grober Senf

2 TL fester Honig

2 EL Semmelmehl

150 g dünne,
möglichst große Scheiben
Katenschinken

1 Lauchstange

150 g Créme fraiche

125 ml Rotwein

30 g Butter für die Sauce

### Zubereitung

Das Filet trocken tupfen und mit Salz und Pfeffer würzen. Sardellenfilets, abgetropfte Kapern und Knoblauch hacken. Mit Senf, Honig und Semmelmehl zum Frischkäse geben, und eine feste Farce rühren. Die Schinkenscheiben überlappend und flächig auf Alufolie legen. Darauf die Frischkäsefarce streichen. Mit den gezupften Petersilien- und Vogelmiereblättchen bestreuen. Darauf das Filet legen und mit Hilfe der Alufolie das Filet fest in den Schinken rollen.

4 – 5 blanchierte Lauchblätter fest um das eingeschlagene Filet wickeln. In einen Bräter setzen, mit Crème fraiche bestreichen. Mit Wein angießen und ca. 80 Minuten im vorgeheizten Backofen bei 190 Grad braten.
Für die Sauce dem Bratenfond kalte klein gewürfelte Butter zugeben und mit einem Schneebesen aufschlagen. Zum Servieren Filet in Scheiben schneiden und Sauce separat servieren.

# Waldmeister

## Waldmeisterbowle

### Zutaten

1 Flasche trockener
Weißwein
1 Flasche Mineralwasser
mit Kohlensäure
1 Büschel Waldmeister
(»Maikraut«)
etwas Zitronensaft

### Zubereitung

Ca. 1/2 Liter Weißwein in Bowlengefäß füllen. Den Waldmeister hineinhängen, möglichst so, dass die dicken Stängel nicht in den Wein gelangen.

Ein paar Stunden ziehen lassen. Der Ansatz beginnt intensiv nach Waldmeister zu riechen. Geruch und Geschmack sind wirklich überwältigend!

Waldmeister herausnehmen. Mit Weißwein und Mineralwasser oder mit Sekt, je nachdem wie viel Alkohol gewünscht ist, auffüllen. Vorsicht! Ist sehr süffig! Die Bowle schmeckt auch mit wenig Alkohol hervorragend.

## Wildgemüseterrine mit Wegerichblättern

### Zutaten

2 Möhren, klein gewürfelt
ca. 100 g Brokkoli,
in kleine Röschen zerteilt,
restliche Teile gewürfelt
Stück von einer Pastinake,
klein gewürfelt, 1 Paprikaschote, klein gewürfelt,
1 Handvoll Wegerichblätter,
1 Handvoll Brennnesselblätter
ca. 50 g Butter, 1 l Wasser
1 Gemüse-Brühwürfel,
1 Beutel Agar-Agar
ein paar Spritzer Tabascosauce

### Zubereitung

Das klein gewürfelte Gemüse
in der Butter anschwitzen. Mit
etwas Wasser ablöschen.
Die fein geschnittenen Wege-
rich- und Brennnesselblätter
zugeben. Das Gemüse weiter
schwach köcheln lassen.
Nach und nach das restliche
Wasser dazu geben. Gemüse-
brühwürfel und Agar-Agar-
Pulver einrühren. Das Gemüse muss noch bissfest sein.
In der Zwischenzeit eine Kas-
ten-Backform mit Alufolie
auslegen. Auf den Boden der
Form einige schöne Spitz-
wegerichblätter legen. Die
Gemüse-Mischung einfüllen;
im Kühlschrank ca. 3 Stunden
lang kalt stellen. Die Form
auf eine Platte stürzen und in
dünne Scheiben schneiden.

# Wiesenknopf

## Frankfurter Grüne Sauce

### Zutaten

5 hart gekochte Eier

1 Tasse gutes Speiseöl

150 g Joghurt

150 g Saure Sahne

ca. 200 g gemischte frische
Kräuter (Wiesenknopf =
»Pimpinelle«, Sauerampfer,
Kresse, Schnittlauch,
Petersilie, Boretsch, Kerbel)

1 Knoblauchzehe

Saft einer halben Zitrone

1 Tl Senf

Salz, Pfeffer

1 Prise Zucker

1 Gewürzgurke

1 Zwiebel

### Zubereitung

Die Eier pellen, halbieren, Eigelb herauslösen und zerdrücken, mit Öl glatt rühren, Joghurt und Sahne zugeben. Kräuter waschen, hacken, Knoblauchzehe abziehen, zerdrücken und untermischen, mit Zitronensaft, Senf, Salz, Pfeffer und Zucker abschmecken, Eiweiß und Gewürzgurke fein hacken, Zwiebel abziehen und reiben, alles mit der Sauce vermischen. Frankfurter Grüne Sauce mit halbierten gekochten Eiern und Salzkartoffeln reichen.

# Weitere Wildgemüse

### Barbarakraut, Winterkresse (Barbarea vulgaris)

Schade, dass dieses Kräutchen mit dem schönen Namen so wenig verwendet wird. Dabei bietet es sich mit seinem pikant-scharfen Geschmack für den Salatteller geradezu an. Das ausdauernde Kraut kommt wild an Flussufern und auf feuchten Wiesen vor. Die dunkelgrünen Blätter sind das ganze Jahr über, auch im Winter, zu ernten. Das Kraut lässt sich problemlos im Garten kultivieren.

### Beifuß (Artemisia vulgaris)

Bitter-scharf-aromatisch ist die Geschmacksnote dieses Wildkrautes. Es wächst am Wegrand, auf Schotter- und Schuttflächen. Traditionell verwenden Köchinnen und Köche die Triebspitzen zum Würzen fetter Braten, vor allem für Gänsebraten, weil es die Fettverdauung verbessert. Die Bitterstoffe regen Magen, Leber und Galle an und sorgen außerdem für einen guten Appetit! Beifuß ist ein relativ bekanntes Kraut; es wird sogar in den Gewürzregalen der Supermärkte angeboten.

### Gundelrebe, Gundermann, Erdefeu (Glechoma hederacea)

Die bitter-aromatische Gundelrebe war in früheren Zeiten Bestandteil der Frühlingskräutersuppe, wie sie der Naturforscher Alexander von Humboldt alljährlich zur Kur eingenommen hat. Schafgarbe, Gänseblümchen, Brunnenkresse, Kerbel, Brennnessel und Spitzwegerich gehören auch dazu. Der Gundermann regt den Stoffwechsel an und fördert das Wohlbefinden. Nur die jungen, noch hellgrünen Blätter nehmen; die alten, dunkelgrünen sind zu herb und zu faserig! Die Gundelrebe wächst in fast jedem Garten unter Hecken und Sträuchern.

### Löffelkraut (Cochlearia maritima)

Das Löffelkraut wächst wild an den Küsten von Nord- und Ostsee, im Binnenland nur ganz verstreut auf salzhaltigen Böden. Schon früher wussten die Menschen um den hohen Wert der Blattpflanze und aßen sie zur Vorbeugung vor Skorbut. Mit ihrem scharfen, kresseartigen Geschmack passen die Blätter in Salatsaucen, Kräuterquark. An kühlen, feuchten Plätzen kann man das Kraut auch im Garten kultivieren.

### Melde, Wilder Spinat (Atriplex hastata, Atriplex hortensis, Atriplex patula)

Bei den Streifzügen über die Äcker sind allerhand Melde-Gewächse zu entdecken. Ihre Blätter werden wie Spinat zubereitet. Sehr empfehlenswert sind die hübschen Gartenformen der Melde. Die sehen ausgesprochen dekorativ aus – im Garten und auf dem Teller, besonders die rote Form.

### Nachtkerze, Rapontika, Gelbe Rapunzel, Schinkenkraut, Stolzer Heinrich (Oenothera biennis)

Die Nachtkerze, die ursprünglich aus Amerika stammt, wächst in

vielen Gärten als Zierpflanze. Ihre duftenden gelben Blüten öffnen sich abends und schließen sich am nächsten Morgen wieder. Wegen ihrer dicken Pfahlwurzeln wurde die Nachtkerze bis ca. 1940 als Gemüse angebaut. Später haben Chemiker die Omega-3-Fettsäuren in den Samen entdeckt. Heute wird das wertvolle Nachtkerzenöl aus der Pflanze gewonnen. Es spielt in der Medizin eine Rolle als Präparat bei prämenstruellem Syndrom.

### Portulak (Portulaca oleracea)

Verschiedene Pflanzen mit dickfleischigen Blättern werden unter dem Begriff »Portulak« eingeordnet. Als Gartenkraut wird normalerweise der aufrecht wachsende Sommerportulak *(Portulaca oleracea var. sativa)* angebaut. Er bildet schöne Bestände und liefert recht gute Erträge, die sich für Salate, für Salatsauce und für Kräuterquark verwerten lassen. Noch vor hundert Jahren kannte jede Hausfrau dieses Würz- und Salatkraut. Es war zum Beispiel Bestandteil der Würzmischung für die Hamburger Aalsuppe. Außerdem gibt es noch den Winterportulak oder Winterpostelein *(Montia perfoliata)*.

### Schafgarbe (Achillea millefolium)

Die Schafgarbe ist als Heilpflanze sehr bekannt; sie stärkt den Magen, regt den Appetit an und hilft bei Darm- und Gallebeschwerden. Meistens wird sie als Teeaufguss angewandt. Gar nicht so bekannt ist, dass man die Blättchen für Frühlingssalate und für Gemüsezubereitungen nutzen kann. Fein gewiegt geben sie den Gerichten eine aromatisch-bittere Note. Die Wirkung ist dieselbe wie beim Schafgarbentee. Die Schafgarbe gehört zu den »9 Schönen«-Frühlingskräutern, die in Österreich für Wildgemüsegerichte genutzt werden.

### Scharbockskraut, Gichtblatt, Feigwurz (Ranunculus ficaria)

Das Scharbockskraut ist ein wertvolles Frühlingskraut mit hohem Vitamin-C-Gehalt. Im Garten ist es jedoch eher lästig. Wenn man nicht aufpasst, überzieht ein dichtes Blätterdach aus Scharbockskraut die Gartenbeete. Gelbe Strahlenblüten leuchten daraus hervor. Zum Glück ziehen im Mai die Blätter ein, im Sommer und Herbst ist von dem Kraut nichts mehr zu sehen. Lediglich die Wurzelknöllchen schlummern im Boden – bis zum nächsten Frühjahr.

### Wiesenschaumkraut, Wilde Kresse (Cardamine pratensis)

Die Blättchen schmecken angenehm kresseartig scharf. Sie ergeben eine hervorragende Würze für den Salat – fein gewiegt oder als Rosette belassen und unter andere Blattsalate gemischt. So richtig geeignet für eine wohl tuende Frühjahrskur zur Stärkung von Leber und Niere.

### Wilder Schnittlauch (Allium schoenoprasum)

Im Vorfrühling sind die Büschel mit den »Schnittlauch«-Röhrchen an Wegrändern und auf Wiesen nicht zu übersehen. Der Wilde Schnittlauch passt mit seiner scharfen Würze in Salatsaucen und in salzige Kuchen. Neben dem Schnittlauch gibt es noch andere wild wachsende und kultivierte Lauchgewächse: Weinbergslauch, Winterheckezwiebel, Etagenzwiebel und Weinbergzwiebel, die nur in Weinbergen auf Muschelkalk wächst. In ganz bestimmten Gegenden in Süddeutschland bereiten die Frauen Maultaschen mit der Weinbergzwiebel zu. Nach alter Tradition gibt es die Maultaschen am Karfreitag als Festessen.

# Bezugsquellen

## Bärlauch
Zur Saison auf Wochenmärkten, in Gemüseläden, Bioläden

## Brunnenkresse
- *Kressepark Erfurt GmbH,*
  Motzstr. 8, D-99094 Erfurt,
  Tel.: 0361/6464066,
  Fax: 0361/5624585,
  Internet:
  www.kressepark-erfurt.de
- *Mathias Motzet,*
  Postfach 19, CH-4923 Wynau,
  Tel. + Fax: ++41(0)62/9292121
  (Verkauf über Großhandel und
  an Privatkunden)

## Feldsalat, Acker-salat
überall im Handel, am besten
schmeckt er aus dem Freiland

## »Grüne Sauce«-Kräutermischung
(Sauerampfer, Petersilie,
Schnittlauch, Boretsch, Pimpinelle, Kresse, Kerbel): Spezialität in Frankfurt, dort an
Gemüseständen auf dem
Markt und in Supermärkten
erhältlich

## Löwenzahn
teilweise aus gärtnerischer Kultur auf dem Markt erhältlich,
Spezialität im Saarland

## Meerrettich, Kren
im gut sortierten Gemüse-Fachhandel

## Pastinake
Hofläden von Bio-Betrieben, gelegentlich auf dem Markt

## Portulak
Hofläden von Bio-Betrieben, gelegentlich auf dem Markt

## Topinambur
Hofläden von Bio-Betrieben, gelegentlich auf dem Markt

## Waldmeister, »Maikraut«
in Markthallen der Großstädte, gelegentlich auf dem Wochenmarkt

Die meisten anderen, der in diesem
Buch vorgestellten Wildgemüse
sind keine Handelsware. Man muss
sie selbst sammeln oder anbauen.

Großes Sortiment, auch wild wachsendes Blattgemüse:
- *Essbare Landschaften GmbH,*
  Olaf Schnelle und Ralf Hiener,
  Gutshaus Boltenhagen,
  18516 Süderholz
  Telefon: 038326/46335,
  Fax: 038326/46337
  E-Mail:
  Info@EssbareLandschaften.de,
  Internet:
  www.essbare-Landschaften.de
  (Versand in ganz Deutschland)

### Bezugsquellen für Wildkräutersaatgut und –pflanzen:
Saatgut von den einjährigen und
zweijährigen Kulturen (Barbarakraut, Feldsalat, Kümmel) ist im
Saatguthandel zu bekommen.

Ein kleines Standardsortiment an
Wildstauden (Bärlauch, Beifuß,
Dost, Schafgarbe, Waldmeister)
gibt es in jeder Staudengärtnerei.
Ein spezielles Wildpflanzensortiment führen die nachfolgend aufgeführten Gärtnereien.

- *Gerhard Flathmann*
  Schulgartenweg 4,
  22525 Hamburg,
  Tel.: 040/89070704,
  Fax: 040/89070705,
  E-Mail:
  flathmann@wild-stauden.de,
  Internet: www.wildstauden.de

- *K. Fries,*
  R.-Diesel-Weg 3, 24211 Preetz,
  Tel.: 04342/83251

- *Re-natur Staudengärtnerei,*
  Plöner Str. 10, 24619 Bornhöved,
  Tel: 04323/6580,
  Fax: 04323/900838,
  E-Mail: stauden@re-natur.de

- *Kräuterei (Bioland-Gärtnerei),*
  Silvia Heinrich, Alexanderstr. 29,
  26121 Oldenburg,

Telefon und Fax: 0441/882368
E-Mail: kraeuterei@t-online.de,
Internet: www.kraeuterei.de

*Rühlemanns Kräuter & Duft-*
*pflanzen,*
Auf dem Berg 2,
27367 Horstedt,
Tel.: 04288/928559,
Fax: 04288/928559,
Internet:
www.ruehlemanns.de

*Wildkräuter & mehr,*
Christina Schuster,
Tolstefanz 14,
29482 Küsten,
Tel. + Fax: 05864/986498

*Staudenkulturen Tangermann,*
31171 Nordstemmen,
Tel.: 05069/9904-0,
Gärtnerei: Tel.: 05069/548,
E-Mail:
tangermann-stauden@t-online.de,
Internet:
www.tangermann-stauden.de

*Versandgärtnerei Strickler,*
Wildstauden, Wildgehölze
und Kräuter,
Lochgasse 1,
55232 Alzey-Heimersheim,
Tel.: 06731/3831,
Fax: 06731/3929

*Hans Fleischhauer,*
Kaicher Weg 15,
61184 Karben
(Burg-Gräfenrode),
Tel.: 06034/908587 (kein Versand)

*Blauetikett-Bornträger GmbH,*
67591 Offstein,
Tel.: 06243/905327

*Otzberg Kräuter,*
Burghart Koch,
Erich-Ollenhauer Strasse 87a,
65187 Wiesbaden,
Tel.: 0611/8120545,
Fax 0611/8460558
Direktverkauf in der Gärtnerei und
samstags auf dem Wochenmarkt in
Frankfurt an der Konstabler-Wache

*Rieger-Hofmann GmbH,*
Samen und Pflanzen gebietsheimi-
scher Wildblumen und Wildgräser
aus gesicherten Herkünften,
In den Wildblumen 7,
74572 Blaufelden-Raboldshausen,
Tel.: 07952/5682, Fax: 07952/6509,
E-Mail: info@rieger-hofmann.de,
Internet: www.rieger-hofmann.de

*Syringa, Duft- und Würzkräuter,*
Bernd Dittrich, Bachstraße 7,
78247 Hilzingen-Binningen,
Tel.: 07739/1452, Fax: 07739/677,
E-Mail: info@syringa-samen.de,
Internet: www.syringa-samen.de

*Staudengärtnerei Wolfgang*
*Sprich* (Bioland-Betrieb),
Papierweg 20,
79400 Kandern,
Tel.: 07626/6855,
Fax: 07626/970051

*Hof Berggarten,*
Wildpflanzengärtnerei
Wolfhart Lau
Lindenweg 17,
79737 Großherrischwand,
Tel.: 07764/239

*Staudengärtnerei*
*Dieter Gaissmayer,*
Jungviehweide 3,
89257 Illertissen,
Tel.: 07303/7258,
Fax: 07303/42181,
E-Mail:
info@staudengaissmayer.de,
Internet:
www.staudengaissmayer.de

*Erwin Bauereis,*
Markgrafenstraße 21,
91438 Bad Windsheim,
Tel.: 09841/2974

*Raritäten-Gärtnerei Fam. Treml,*
Eckerstraße 32,
93471 Arnbruck,
Tel.: 09945/905100,
Fax: 09945/905101,
E-Mail: treml@pflanzentreml.de,
Internet: www.pflanzentreml.de

# Wildgemüserestaurants

WILDGEMÜSE-
RESTAURANTS DEUTSCH-
LAND

- *BrennNessel,*
  Restaurant & Kneipe,
  Schützengasse 18,
  01067 Dresden

- *Vieux Sinzig,*
  Kölner Str. 6, 53489 Sinzig,
  Tel.: 02642/42757

- *Pleutersbacher-Weinstube,*
  Eberbacher Straße 5,
  69412 Eberbach/Pleutersbach,
  Tel.: 06271/5705,
  Fax: 06271/807867

- *Restaurant Wielandshöhe,*
  Vincent Klink,
  Alte Weinsteige 71,
  70597 Stuttgart-Degerloch,
  Tel.: 0711/640 88 48,
  Fax 0711/640 94 08,
  Internet:
  www.wielandshoehe.de

- *Restaurant Rose,*
  Familie Andruschkewitsch,
  74541 Vellberg-Eschenau,
  Tel.: 07907/2294,
  Fax: 07907/8569

- *Gasthaus zum Kaiserstuhl,*
  Lothar und Walburga Koch,
  79235 Niederrotweil,
  Tel.: 07662/237

- *Familie Anton und Hilde Kargl,*
  Im Kirchfeld 9,
  82442 Saulgrub,
  Tel.: 08845/640,
  Fax: 08845/9088,
  E-Mail: info@baerlauch.de

- *Obere Mühle (Rohmilch-)
  Käserei und Restaurant,*
  Ursula Rohrmoser,
  Hindelang-Bad Oberdorf,
  08324/2857,
  Fax: 08324/8635,
  Internet: www.obere-muehle.de

- *Gasthaus Hofmann in
  Schindelsee,*
  Bettina und Markus Hofmann,
  Schindelsee 1,
  96181 Rauhenebrach
  im Steigerwald,
  Tel.: 09549/328, Fax: 09549/5192

- *Löwenzahn,*
  Am unteren Wall,
  97421 Schweinfurt
  Tel.: 09721/201130

- *Landgasthof Huhn,*
  Deutschlands einzige
  Olitätengaststätte,
  Bahnhofstr. 7,
  98597 Altersbach/Thüringen·
  Tel.+Fax: 036847/42568,
  E-Mail:
  Kraeuterwirt.Huhn@t-online.de

- *Cafe »Kresseschlösschen«,*
  Kressepark Erfurt GmbH,
  Motzstr. 8,
  99094 Erfurt,
  Tel.: 0361/6464066,
  Fax: 0361/5624585,
  Internet:
  www.kressepark-erfurt.de

## Schweiz

🍴 **Hotel National,**
Hirschengraben 24,
3011 Bern,
Tel. ++41(0)31 381 19 88,
Fax ++41(0)31 381 68 78,
www.nationalbern.ch

🍴 **Hotel Schloss Hünigen,**
CH-3510 Konolfingen im
Emmental,
Tel.: ++41 (0)317912611,
Fax: ++41 (0)317912731,
Internet:
www.schlosshuenigen.com

🍴 **Restaurant Stadtkeller,**
Rathauspl. 6,
5620 Bremgarten,
Tel: ++41(0)56/6332222,
Fax: ++41(0)56/6330955

🍴 **Grotto di Rii,**
Intragna/Tessin,
Tel.: ++41(0)91/7961861

## Österreich

🍴 **Restaurant Steirereck,**
Rasumofskygasse 2,
1030 Wien,
Tel.: ++43(0)1/7133168,
Fax: ++43(0)1/7133168-2,
Internet: www.steirereck.at

🍴 **Kichererbse,**
Speisingerstrasse 38,
1130 Wien,
Tel.+Fax: ++43 (0)1/804 20 06,
Internet: www.kichererbse.at

🍴 **Kräuterwirt – Preinerhof,**
Gerhard und Johanna
Rattner-Eggl, Preinrotte 24,
2651 Reichenau Rax,
Tel. + Fax: ++43(0)2665/256,
E-Mail: kraeuterwirt@aon.at

🍴 **Panorama Hotel Wagner,**
Hochstr. 267,
2680 Semmering,
Tel.: ++43(0)2664/25120,
Fax: ++43(0)2664/251261,
Internet:
www.panoramahotel-wagner.at

🍴 **Restaurant Gelbes Haus,**
Kaiserbrunngasse 11,
2700 Wiener Neustadt,
Tel.: ++43(0)2622/26400,
Fax: ++43(0)2622/26400-14,
E-Mail: gelbes.haus@aon.at

🍴 **Restaurant »Zum Roten Wolf«,**
Bahnstraße 58,
3425 Langenlebarn,
Tel.+Fax: ++43(0)2272/62567

🍴 **Wirtshaus Steirereck,**
Pogusch 21,
8625 Turnau,
Tel.: ++43(0)3863/2000,
Fax: ++43(0)3863/515151,
Internet: www.steirereck.at

🍴 **Alpenhof,**
Panoramaweg 1, Nagel,
9762 Weissensee,
Tel.: ++43(0)4713/2107-0,
Fax: ++43(0)4713/2107-15,
Internet:
www.alpenhof-weissensee.at

🍴 **Biohotel Alpenrose,**
Obermillstatt 84,
9872 Millstatt,
Tel.: ++43(0)4766/2500,
Fax: ++43(0)4766/3425,
Internet:
www.biohotel-alpenrose.at

# Literatur

Brunhilde Bross-Burkhardt: Frühlingsfit mit Wildgemüse. »Natürlich gärtnern« Nr. 2/02, S. 22 bis 25

Hanna Dengler und Anna Rohlfs-von Wittich: Gemüse, Kräuter, Obst. Vielfältig und naturgemäß kochen in tausend Rezepten. 1982, Verlag Freies Geistesleben, Stuttgart

Kathi Dittrich, Claus Leitzmann: Bioaktive Substanzen. 1996, TRIAS Thieme Hippokrates Enke, Stuttgart

Ilse Sybille Dörner: Das grüne Kochbuch. Handbuch der naturbelassenen Küche. 1982, ECON Verlag Düsseldorf – Wien

Wolfgang Franke: Wildgemüse. 1987, Hrsg.: Auswertungs- und Informationsdienst für Ernährung, Landwirtschaft und Forsten (AID) e.V., Bonn

Hagers Handbuch der pharmazeutischen Praxis. (Herausgeber: R. Hänsel, K. Keller, H. Rimpler, G. Schneider) 5., vollständig neu bearbeitete Auflage, Band 4-6, 1992, 1993, 1994, Springer Verlag Berlin, Heidelberg

Beatrix Hammerle: Früchte der Natur. Wildgemüse mit Rezepten. 1996, Pinguin-Verlag, Innsbruck

Erich Heiß: Wildgemüse und Wildfrüchte. Ohne Jahrgang. Waerland Verlagsgenossenschaft eG, Mannheim

Ludwig Klein: Nutzpflanzen der Landwirtschaft und des Gartenbaues. O.J. (ca. 1920) Carls Winter's Universitätsbuchhandlung Heidelberg

S.W. Souci/W. Fachmann/H. Kraut: Die Zusammensetzung der Lebensmittel. 6. Auflage 2000, medpharm Scientific Publishers, Stuttgart

A. K. Koschtschejew: Wildwachsende Pflanzen in unserer Ernährung. 1986, VEB Fachbuchverlag Leipzig

Helmut Krug: Gemüseproduktion. 1986, Verlag Paul Parey, Berlin und Hamburg

Joy Larkcom: Der Grünkostgarten. 1986, Mosaik Verlag München

Michael Machatschek: Naschobst und Kinderbrote. Was Kinder früher entlang des Schulweges sammelten und aßen. Natürlich gärtnern 5/2002, S. 8-23

Manfred Pahlow: Das große Buch der Heilpflanzen. Gesund durch die Heilkräfte der Natur. 1979, Gräfe und Unzer Verlag München

Rainer Schunk: Das neue Gewürz-Kochbuch. 3. Auflage 1984, Kaulfuss Verlags-Gesellschaft Abtswind mbH, Abtswind

Oskar Sebald, Siegmund Seybold und Georg Philippi (Hrsg.): Die Farn- und Blütenpflanzen Baden-Württembergs. 8 Bände, 1990 bis 1998, Verlag Eugen Ulmer Stuttgart

Richard Willfort: Gesundheit durch Heilkräuter. 21. Auflage 1979, Rudolf Trauner Verlag Linz

**Wissenswertes im Internet:**
www.arche-noah.at
www.baerlauch.de
www.baerlauch.com
www.baerlauch.ch

**Weitere Informationen:**
Bärlauchtage in Eberbach am Neckar, jedes Jahr im März und April (www.eberbach.de)

**Kräuterwanderungen, Wildgemüsekochkurse:**
Brunhilde Bross-Burkhardt, Dipl.-Ing. agr., Aubäcker 10, 74595 Langenburg, Tel.: 07905/5430, E-Mail: b.bross@gmx.de

# Rezeptverzeichnis